国家智库报告 2016（32）
National Think Tank

经　济

# 供给侧结构性改革下的中国宏观经济

刘元春　闫衍　刘晓光　著

CHINESE ECONOMY UNDER SUPPLY-SIDE STRUCTURAL REFORM

中国社会科学出版社

**图书在版编目（CIP）数据**

供给侧结构性改革下的中国宏观经济／刘元春，闫衍，刘晓光著．—北京：
中国社会科学出版社，2016.8（2016.12 重印）
（国家智库报告）
ISBN 978 - 7 - 5161 - 8684 - 8

Ⅰ.①供…　Ⅱ.①刘…②闫…③刘…　Ⅲ.①中国经济—宏观经济—
研究　Ⅳ.①F123.16

中国版本图书馆 CIP 数据核字（2016）第 182681 号

出 版 人　赵剑英
责任编辑　喻　苗
责任校对　石春梅
责任印制　李寡寡

出　　　版　中国社会科学出版社
社　　　址　北京鼓楼西大街甲 158 号
邮　　　编　100720
网　　　址　http://www.csspw.cn
发 行 部　010 - 84083685
门 市 部　010 - 84029450
经　　　销　新华书店及其他书店

印刷装订　北京君升印刷有限公司
版　　　次　2016 年 8 月第 1 版
印　　　次　2016 年 12 月第 2 次印刷

开　　　本　787 × 1092　1/16
印　　　张　8.25
插　　　页　2
字　　　数　85 千字
定　　　价　36.00 元

**摘要**：2016 年上半年在积极的财政政策、宽松的货币政策以及房地产新政的作用下，中国宏观经济在持续探底中开始呈现企稳的迹象，CPI 重返"2 时代"、PPI 负增长的大幅度收窄、企业利润增速的转正以及房地产类数据的反弹都表明中国宏观经济并不存在"硬着陆"的可能。

2016 年上半年出现了一系列值得关注的新现象：1. "去产能"还在布局阶段，过剩行业产品价格却开始出现大幅度波动；2. 三四线房地产"去库存"还没有开始，一二线房地产价格却出现全面上扬；3. 对"僵尸企业"和高债务企业的整治还没有实质性展开，大量高负债国有企业却已经大规模进军土地市场、海外并购市场和金融投资市场；4. "去杠杆"各类举措刚开始布局，但宏观债务率却持续上扬，部分指标已经大大超过警戒线；5. "降成本"如火如荼地展开，但各类宏观税负指标却在持续加重，企业总体盈利能力持续下滑；6. 房地产投资增速超预期反弹，各类新开工项目大幅度上扬，但民间投资增速却直线回落；7. M2 增速保持稳定，但 M1 增速却出现持续上扬，M1 – M2 缺口持续扩大；8. 居民收入增速持续超过 GDP 增速，但劳动力生产率以及企业盈利能力却出现持续下滑；9. 对外投资增速急剧上扬，但出口增速却持续低迷；10. 各类技术指标进步神速，新经济增长动力开始显现，但总体劳动生产效率却依然处于持续下滑的区间；11. 工业等传统行业有所企稳，但服务业和新兴行业却开始呈现疲态；12. 政策类投资增速回升，但消费却出现持续回落。

这12大现象充分说明了中国宏观经济运行依然面临四大方面的问题：一是供给侧结构性改革的着力点还没有完全找到；二是稳增长政策并没有缓解宏观经济深层次问题，反而使各类扭曲大幅度上扬，资源配置的效率持续恶化，经济主体的信心没有得到改善；三是经济回落的负反馈机制开始发生变化，经济内生性下滑的压力有所加剧，"生产效率预期下滑"＋"投资收益预期下滑"＋"收入增速预期下滑"所带来的市场型投资疲软和消费疲软开始向深度蔓延。短期产出与中期潜在产出的负向强化机制、超国民收入分配所带来的"消费—投资"困局、实体经济与虚拟经济相对收益下滑所带来的进一步"脱实向虚"等三大新难题已经成为中国宏观经济摆脱持续探底困境的核心障碍；四是当前宏观经济的短期企稳构建在大规模政策宽松和泡沫化房地产复苏之上，实体经济与虚拟经济之间的分化决定了中国宏观经济还没有形成持续稳定或复苏的基础。

2016 年下半年，中国宏观经济难以持续上半年企稳的态势。外部经济波动的重现、内部扭曲的强化、金融风险的不断累计与间断性释放、结构性改革的全面实施等方面的因素决定了中国宏观经济下行压力的进一步抬头。而与此同时，政策刺激效率的递减和房地产泡沫的管控决定了经济政策的对冲效应将大幅度下降。因此，本轮"不对称 W 型调整"的第二个底部将于 2016 年年底至 2017 年年初出现，并呈现出强劲的底部波动的特征。根据模型预测，2016 年中国 GDP 增速为 6.6%，CPI 增速为 2.3%。

报告指出，2016—2017 年是中国实施供给侧结构性改革的关键期，"大改革"＋"更为积极的财政政策"＋"适度宽松的货币政策"＋"强监管"必须要有可操作的抓手和可实施的方案，各类改革方案和政策措施必须做出新的调整。

**Abstract**: In first half of 2016, China's economy intends to become stable after a period of declining, which indicates the economy is not going to "hard landing". There are series of new phenomena indicating that the economy still facing four major problems: firstly, the supply – side structural reform has not find an effective path to work effectively; secondly, the growth – friendly policies do not solve the underlying problems of macro economy; thirdly, the negative reinforcement mechanism betueen short – term output and mid – term potential output, "consumption – investment" dilemma caused by exceedingly national income distribution, and the real economy trends to switch to fictitious economy due to the relative revenue of the real economy and the fictitious economy is declining. These three challenges have become the major obstacles of China's economy growth. Forth, the short – term economy stability is built on the recovery of easing policies and property – value bubble, which is not a sustainable recovery. In the second half of 2016, China's economy is unlikely to maintain stability. The second bottom of the "asymmetry W adjustment" will be reached at the end of 2016 to the beginning of 2017, and there will be intense turbulence. Our CMAFM model predicts that GDP growth rate of 2016 will be 6.6%, while CPI will be 2.3%. 2016 – 2017 is the critical period of China's supply – side structural reform. "Great reform" + "more proactive fiscal policy" + "moderately easy monetary policy" + "more intrusive regulation" must have viable plans, and reform policies must make new adjustments.

**Key Words**: Chinese Economy; Supply – side structural reform; Macroeconomic Analysis and Forecasting

# 目　　录

# 一　总论与预测

2016 年上半年在积极的财政政策、宽松的货币政策以及房地产新政的作用下，中国宏观经济在持续探底中开始呈现出企稳的迹象，CPI 重返"2 时代"、PPI 负增长的大幅度收窄、企业利润增速的转正以及房地产类数据的反弹都表明中国宏观经济并不存在"硬着陆"的可能，其雄厚的经济存量、广阔的纵深空间以及强大的中央政府决定了中国经济能够承受世界经济"长期停滞"和"新平庸"的冲击。

但是，部分宏观经济数据短期趋稳的同时，以下方面的变化却值得我们高度重视：1. "去产能"还在布局阶段，过剩行业产品价格却开始出现大幅度波动；2. 三四线房地产"去库存"还没有开始，一二线房地产价格却出现全面上扬；3. 对"僵尸企业"和高债务企业的整治还没有实质性展开，大量高负债国有企业却已经大规模进军土地市场、海外并购市场和金融投资市场；4. "去杠杆"各类举措刚开始布局，但宏观债务率却持续上扬，部分指标已经大大超过警戒线；

5. "降成本"如火如荼地展开，但各类宏观税负指标却在持续加重，企业总体盈利能力持续下滑；6. 房地产投资增速超预期反弹，各类新开工项目大幅度上扬，但民间投资增速却直线回落；7. M2 增速保持稳定，但 M1 增速却出现持续上扬，M1 – M2 缺口持续扩大；8. 居民收入增速持续超过 GDP 增速，但劳动力生产率以及企业盈利能力却出现持续下滑；9. 对外投资增速急剧上扬，但出口增速却持续低迷；10. 各类技术指标进步神速，新经济增长动力开始显现，但总体劳动生产效率却依然处于持续下滑的区间；11. 工业等传统行业有所企稳，但服务业和新兴行业却开始呈现疲态；12. 政策类投资增速回升，但消费却出现持续回落。

这 12 大现象充分说明了中国宏观经济运行依然面临四大方面的问题：一是供给侧改革的着力点还没有完全找到；二是稳增长政策并没有缓解宏观经济深层次问题，反而使各类扭曲大幅度地上扬，资源配置的效率持续恶化，经济主体的信心没有得到改善；三是经济回落的负反馈机制开始发生变化，经济内生性下滑的压力有所加剧，"生产效率预期下滑" + "投资的预期收益下滑" + "收入增速预期下滑"所带来的市场型投资疲软和消费疲软开始向深度蔓延。短期产出与中期潜在产出的负向强化机制、超国民收入分配所带来的"消费—投资"困局、实体经济与虚拟经济相对收益下滑所带来的进一步"脱实向虚"等三大新难题已经成为中国宏观经济摆脱持续探底困境的核心障碍；四是当前宏观经济的短期企稳构建在大规模政策宽松和泡沫化房地产复苏之上，实体经济与虚拟经济之间的分化决定了中国宏观经济还没有形成持续稳定或复苏的基础。

2016 年下半年，中国宏观经济难以持续上半年企稳的态势。外部经济波动的重现、内部扭曲的强化、金融风险的不断累计与间断性释放、结构性改革的全面实施等方面的因素决定了中国宏观经济下行压力的进一步抬头。而与此同时，政策刺激效率的递减和房地产泡沫的管控决定了经济政策的对冲效应将大幅度下降。因此，本轮"不对称 W 型调整"的第二个底部将于 2016 年年底至 2017 年年初出现，并呈现出强劲的底部波动的特征。

1. 世界经济形势持续表现为"四低"特征，即持续的低增长、低贸易、低通胀和低利率。"新平庸"或"大停滞"的世界经济，通过贸易渠道、投资渠道和汇率渠道对中国经济总体上产生较为不利的影响。大宗商品价格的剧烈波动以及各国央行货币政策的不协调，给2016年脆弱的宏观经济和金融市场带来了巨大的不确定性，加剧了国际资本流动和汇率波动风险。2016年新兴经济体的动荡将超越以往新兴经济体所面临的各类波动，各类地缘政治的超预期冲击可能导致欧洲经济复苏的夭折。因此，世界经济不仅面临总体性的持续低迷，同时还存在"二次探底"的可能，中国经济难以在世界经济探底之前全面实现周期逆转。

2. 内部再平衡带来的冲击将持续显化。一是出口持续的下滑决定了过去利用政策性内需弥补外需的方法出现失灵，简单的"扩投资"不仅不能改变中国"贸易品过剩、非贸易品不足"的结构性问题，反而导致贸易品过剩局面有所强化；二是出口持续的下滑必将意味着中国储蓄过剩将持续的出现，但由于资金市场的刚性，无风险基准利率难以快速下降，市场性投资不仅没有在充足的储蓄供应下有所上扬，反而由于投资预期收益的下滑、投资空间的压缩以及资金匹配的结构性问题等因素出现下滑，计划投资与储蓄之间的缺口不断扩大，宏观平衡的压力持续上扬；三是财政政策和信贷政策带来的是偏向性救助和资源流动，导致大量效率低下的国有企业获得大量资金，这些资金的投入不仅强烈地挤压了民间投资的空间，更为重要的是导致国有企业可以利用廉价的资金大举进入房地产市场、土地市场、海外并购市场以及其他非主营投机性业务，导致资金进一步"脱实向虚"；四是工资与福利性收入持续超国民收入分配的后果开始显化，一方面国民消费率在中高端消费供给短缺的制约下并没有得到明显改善，另一方面在政府投资功能没有得到转变的前提下而实施的社会建设和福利体系建设，严重侵蚀了企业的投资收益，在外部需求持续下滑、内部盈利大幅度下降、未来前景持续渺茫、新型政商关系还没有完全建立等因素的作用下，中长期经济增长的发动机——资本形成和研究开发——增速持续下滑。这不仅导致短期需求不足，更为重要的是导致中长期潜在增速伴随短期增速的持续下滑而下滑。

3. 包括汇率贬值、债券违约、房地产价格泡沫、期货价格大幅度波动在 2016 年下半年所带来的局部风险将进一步上扬，这将大幅度提升经济主体的风险厌恶情绪，从而导致风险溢价大幅度上升、资金供求在总量和结构上双重趋紧，进一步导致投资的下滑。特别是由于房地产泡沫扩散的力度和上扬的态势远远超过大家的预期，对于房地产泡沫的治理很可能导致目前快速上扬的房地产投资增速趋缓，房地产健康复苏存在夭折的可能。

4. 中国目前不断加剧的扭曲、不断弱化的内生增长动力以及全球性的结构性改革竞争决定了 2016 年下半年必须全面启动结构性改革，是最佳时点和必须时点。但是以"三去一降一补"为核心的供给侧结构性改革必定会给宏观经济带来短期的阵痛和下行压力。

5. 积极的财政政策和稳健的货币政策虽然对于持续上扬的下行压力有较好的对冲作用。但是，不断蔓延的房地产泡沫与持续上扬的金融风险将严重掣肘货币政策的宽松取向，结构性改革带来的短期高额成本将严重压缩财政政策更为积极的空间。虽然中国政治经济周期已经开始从底部反弹，但新型的激励相容的正向激励体系还没有完全建立起来，各类政策传导的行政机制和经济机制还没有完全常态化，政策对冲下行压力的效果将大打折扣。

根据上述的一些定性判断，利用中国人民大学中国宏观经济分析与预测模型—CMAFM 模型，设定主要宏观经济政策假设：（1）2016 年为 21800 亿元；（2）2016

年人民币与美元平均兑换率分别为 6.60:1。分年度预测 2016 年中国宏观经济形势，其预测结果如表 1—1 所示。

表 1—1　　　　　　　　　2016 年宏观经济指标预测

| 预测指标 | 2015 年 | 2016 年<br>（1—3 月） | 2016 年<br>（1—6 月） | 2016 年<br>（全年预测） |
|---|---|---|---|---|
| 1. 国内生产总值增长率（%） | 6.9 | 6.7 | 6.8 | 6.6 |
| 其中：第一产业增加值 | 3.9 | 2.9 | 3.4 | 4.0 |
| 第二产业增加值 | 6.0 | 5.8 | 5.9 | 5.5 |
| 第三产业增加值 | 8.3 | 7.6 | 7.7 | 7.9 |
| 2. 固定资产投资完成额（亿元） | 551590 | 85843 | 260608 | 605646 |
| 增长率（%） | 10.0 | 10.7 | 9.9 | 9.8 |
| 社会消费品零售总额（亿元） | 300931 | 78024 | 155876 | 331324 |
| 增长率（%） | 10.7 | 10.3 | 10.1 | 10.1 |
| 3. 出口（亿美元） | 22735 | 4637 | 9926 | 22212 |
| 增长率（%） | -2.9 | -9.6 | -7.0 | -2.3 |
| 进口（亿美元） | 16798 | 3382 | 7730 | 16596 |
| 增长率（%） | -14.3 | -13.4 | -4.6 | -1.2 |
| 4. 广义货币供应（M2）增长率（%） | 13.3 | 13.4 | 13.0 | 13.0 |
| 狭义货币供应（M1）增长率（%） | 15.2 | 22.1 | 23 | 18 |
| 新增社会融资规模（亿元） | 154086 | 65859 | 10192 | 20742 |
| 社会融资规模增长率（%） | 12.5 | 13.4 | 13 | 13.4 |
| 5. 居民消费价格指数上涨率（%） | 1.4 | 2.1 | 2.1 | 2.3 |
| GDP 平减指数上涨率（%） | -0.49 | 0.44 | 0.55 | 0.85 |
| 6. 全国政府性收入（亿元） | 194547 | 47893 | 104920 | 210872 |
| 增长率（%） | 0.1 | 6.1 | 8.2 | 8.4 |
| 全国一般公共预算收入（亿元） | 152217 | 38896 | 86366 | 165155 |
| 全国政府性基金收入（亿元） | 42330 | 8997 | 18554 | 45716 |

1. 在外需持续疲软和消费下滑的作用下，2016 年上半年 GDP 实际增速较去年回落了 0.2 个百分点。但值得注意的是，由于 PPI 和 CPI 持续改善，GDP 平减指数由去年上半年的 - 0.12% 上升到 2016 年上半年的 0.6%，导致 2016 年上半年 GDP 名义增速达到 7.4%，较去年同期提高了 0.5 个百分点，较去年全年提高了 1 个百分点。这种价格效应大大缓解了各类经济主体的压力。

2016 年下半年，由于投资增速的回落和消费疲态的进一步延续，GDP 增速将出现明显回落，预计全年 GDP 实际增速为 6.6%，较去年全年下降了 0.3 个百分点，但由于价格效应，2016 年 GDP 名义增速为 7.5%，较去年全年提高了 1.1 个百分点。因此，从经济运行角度来看，2016 年虽然延续了新常态艰难期不断探底的特征，但价格水平摆脱生产领域的"萧条"和消费领域的"低迷"，将有利于内生经济增长动力的启动。

2. 从供给角度来看，除第一产业保持相对稳定之外，第二产业和第三产业基本上保持了持续回落的态势，特别是第二产业在供给侧结构性改革的作用下，去产能和化解僵尸企业直接导致短期工业产出出现明显下滑，预计 2016 年上半年工业增加值增速为 5.9%，全年为

5.5%，较2015年下滑了0.5个百分点，较2016年上半年下滑了0.4个百分点。值得注意的是，经济转型寄予厚望的第三产业改变了2015年增速回升的态势，预计2016年上半年增速仅为7.7%，较去年同期下滑了0.6个百分点，2016年全年增速为7.9%，较去年全年增速回落了0.4个百分点。

3. 从总需求角度来看，三大需求总体疲软，但回落幅度在短期需求扩张政策的作用下小于总供给，这导致2016年总产出实际增速回落的过程中价格水平出现改善，GDP平减指数得到较大幅度回升。

（1）基础建设投资和房地产投资的持续改善难以填补民间投资增速下滑和制造业投资增速下滑所带来的缺口，城镇固定资产投资增速在一季度快速抬头之后出现持续回缓，预计上半年城镇固定资产投资增速为9.9%，比去年同期下降1.6个百分点，比去年全年增速下降了0.1个百分点。预计全年城镇固定资产投资增速为9.8%，比去年下降了0.2个百分点，如果考虑下半年固定资产投资价格指数的回升，实际投资增速回落更为明显。

（2）在高端消费外流、收入增速疲软以及预期恶化等因素的作用下，2016 年消费总体疲软的现象比较明显。预计 2016 年上半年全社会零售总额名义增速为 10.1%，实际增速为 8.0%，比去年同期分别下降了 0.3 个百分点和 1 个百分点。预计 2016 年全年名义增速为 10.1%，实际增速为 7.8%，比去年全年增速分别下降了 0.6 个百分点和 1.5 个百分点。

（3）在世界经济持续疲软和人民币贬值等因素的作用下，进出口在 2016 年呈现"前低后稳"的走势，预计 2016 年上半年以美元计价的出口增速为 - 7.0%，全年增速为 - 2.3% 左右，而以美元计价的 2016 年上半年进口增速为 - 4.6%，全年进口增速为 - 1.2%。上半年贸易顺差为 2196 亿美元，全年顺差预计达到 5616 亿美元，占 GDP 的比重为 5% 左右，略低于去年的水平。

4. 在经济低迷的 2016 年中最为显眼的指标就是明显回升的价格数据。从表象来看，各类价格指标回升是蔬菜、猪肉以及大宗商品的轮番驱动的产物，但从深层次来看，货币的宽松、供给增速更快的回落以及持续的成本推动才是本轮价格回升的关键。预计 2016 年全年 CPI 增速为 2.3%，比 2015 年上涨了 0.9 个百分点。与此同时，工业领域通货紧缩的现象将在"去产能"全球大宗商品价格反弹、房地产反弹和价格基数等因素的作用下得到全面缓解，预计 2016 年全年 PPI 跌幅为 1.2%，比 2015 年缩小了 4.8 个百分点，年末单月同比由负转正；2016 年 GDP 平减指数由负转正，全年同比增速 0.85%，较 2015 年回升了 1.3 个百分点。

5. 2016 年货币政策继续持续总体宽松的基调，但受到物价上涨、房地产市场泡沫以及杠杆率持续攀升等因素的掣肘，货币政策将由上半年较为宽松的定位转向适度稳健；同时，受到资金内生性收缩的压力，广义货币供应量（M2）与狭义货币供应量（M1）、全社会融资增速之间的差额扩大，流动性向实体经济的渗透力进一步下滑。预计 M2 增速保持在 13% 左右，社会融资总额增速为 13.4%。

# 二 短期趋稳与持续探底的
# 2016 年上半年宏观经济

在 5 万亿重点项目、1.6 万亿东北振兴计划、4.3 万亿基础建设投资规划、10 万亿新增社会融资总量、高达 20% 以上的 M1 增长以及接近 14% 的公共财政支出增长的作用下，2016 年上半年中国宏观经济开始在持续探底的进程中出现五大短期企稳的迹象。

表 2—1　　　　　　2015 年与 2016 年上半年中国宏观经济指标

| 预测指标 | 2015 年 | 2016 年（1—3 月） | 2016 年（1—5 月） |
|---|---|---|---|
| 1. 国内生产总值增长率（%） | 6.9 | 6.7 | 6.6* |
| 其中：第一产业增加值 | 3.9 | 2.9 | 4.0* |
| 第二产业增加值 | 6.0 | 5.8 | 5.4* |
| 第三产业增加值 | 8.3 | 7.6 | 8.0* |
| 2. 固定资产投资完成额（亿元） | 551590 | 85843 | 187671 |
| 增长率（%） | 10.0 | 10.7 | 9.6 |
| 社会消费品零售总额（亿元） | 300931 | 78024 | 129281 |
| 增长率（%） | 10.7 | 10.3 | 10.2 |
| 3. 出口（亿美元） | 22735 | 4637 | 8138 |
| 增长率（%） | -2.9 | -9.6 | -7.3 |
| 进口（亿美元） | 16798 | 3382 | 5963 |
| 增长率（%） | -14.3 | -13.4 | -10.3 |

续表

| 预测指标 | 2015 年 | 2016 年（1—3 月） | 2016 年（1—5 月） |
|---|---|---|---|
| 4. 广义货币供应（M2）增长率（%） | 13.3 | 13.4 | 12.8* |
| 狭义货币供应（M1）增长率（%） | 15.2 | 22.1 | 22.9* |
| 新增社会融资规模（亿元） | 154086 | 65859 | 74000* |
| 社会融资规模增长率（%） | −6.4 | 43.0 | 30.7* |
| 5. 居民消费价格指数上涨率（%） | 1.4 | 2.1 | 2.1 |
| GDP 平减指数上涨率（%） | −0.45 | 0.46 | 0.50* |
| 6. 全国政府性收入（亿元） | 194547 | 47893 | 84648 |
| 增长率（%） | 0.1 | 6.1 | 8.0 |
| 全国公共财政收入（亿元） | 152217 | 38896 | 69880 |
| 全国政府性基金收入（亿元） | 42330 | 8997 | 14768 |

注：带 * 为估算数。

## 1. GDP 增速实现年度目标，名义增速高于实际增速，经济短期企稳的迹象开始显现

2016 年上半年全国 GDP 增速持续回落的趋势出现明显放缓。一季度实际增速为 6.7%，超过全年 6.5% 的增速目标，比去年同期回落 0.3 个百分点，比去年四季度回落 0.1 个百分点。然而，一季度 GDP 名义增速达到7.2%，比去年同期回升 0.6 个百分点，比去年四季度回升 1.2 个百分点，这也是自 2014 年四季度以来，名义GDP 增速再次高于实际 GDP 增速。从历史上历次经济周期来看，名义 GDP 增速高于实际 GDP 增速，是宏观经济

走出衰退开始复苏的重要标志。

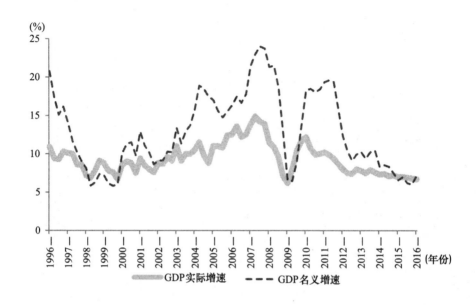

图2—1    近20年来中国GDP增速

**2. 价格指数出现全面回升，CPI 重回"2 时代"，PPI 跌幅出现明显缩小，GDP 平减指数由负转正，反映经济升温信号**

第一，CPI 重回"2 时代"，反映经济升温信号增强。2016 年 2 月份起，CPI 同比增长回升到 2.0％以上，1—5 月份累计同比增长 2.1％，是自 2014 年跌入"1 时代"以来重新回到"2 时代"。CPI 上涨主要由食品价格大幅度上涨所拉动，但剔除食品的 CPI 以及剔除食品和能源的核心 CPI 也出现了上涨趋势，说明经济企稳的信号增强。5月份CPI和食品CPI同比增长2.0%和5.9%，较4月份下滑了0.3个和1.5个百分点，但核心CPI同比上涨1.6%，比4月份上升了0.1个百分点。

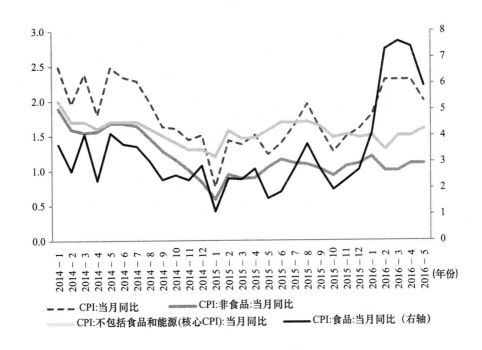

图2—2　各层级的CPI出现明显回升

第二，PPI同比降幅持续缩小、环比上涨，定基指数出现实际性回升。2016年以来，工业生产者出厂价格指数（PPI）同比跌幅连续5个月缩小，从2015年12月的-5.9%回升至5月的-2.8%。PPI环比也自3月以来，由负转正，5月环比增长0.5%。PPI定基指数（2011年年底＝100）已经企稳回升，5月达到89，即回到2015

年年底的水平。因此，如果 PPI 不再恶化，同比有望在 2016 年年底由负转正，工业企业盈利能力有望得到提升。

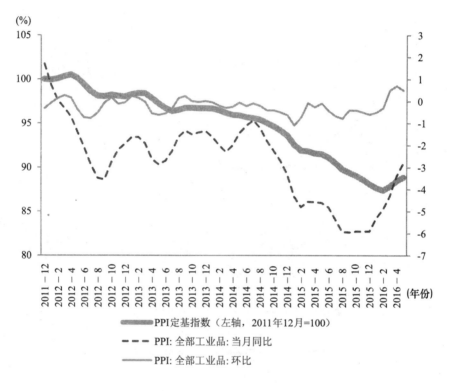

图 2—3　PPI 出现积极变化

　　第三，GDP 平减指数由负转正，反映经济全面升温。一季度 GDP 平减指数达到 0.5%，比去年同期和四季度均回升 0.9 个百分点，这也是自 2015 年一季度 GDP 平减指数进入负值区间后再次回到正值区间。GDP 平减指数

由负转正，反映经济全面升温，从经济周期的视角看，
是经济开始复苏的重要标志。

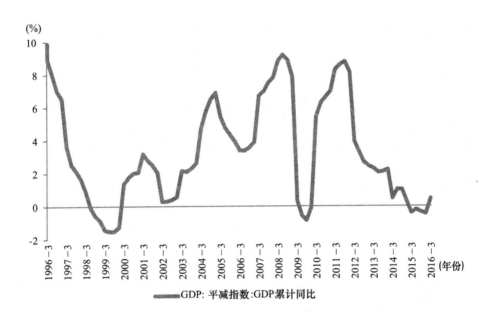

图 2—4　GDP 平减指数由负转正

### 3. 房地产投资明显反转，固定资产投资短期企稳后再度下滑

第一，房地产投资增速出现超预期反转，固定资产
投资短期企稳后再度下滑。2016 年 1—5 月份，房地产开
发投资完成额累计同比增长 7.0%，比一季度提高了 0.8
个百分点，比 2015 年大幅回升了 6.0 个百分点，这也是
自 2013 年 2 月房地产投资增速达到 22.8% 的小峰值后持

续下滑至2015年年底的1%的首次回升，房地产投资占比也从2015年的17.4%上升到18.4%。房地产投资回升一度带动固定资产投资短期企稳回升，一季度增长10.7%，比2015年全年增速提高0.7个百分点。然而，进入二季度后，固定资产投资增速再度出现回落。2016年1—5月，固定资产投资完成额累计同比增长9.6%，比一季度大幅下滑1.1个百分点，比2015年全年增速也下滑了0.4个百分点。

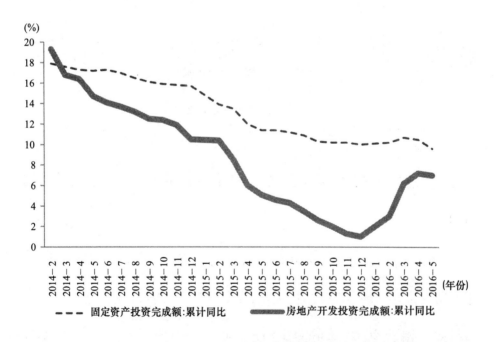

图2—5    房地产投资出现超预期反转

第二，房地产投资回升反映了房地产市场销售回暖带来的刺激性作用。2016 年 1—5 月份，房地产销售面积同比增长 33.2%，比 2015 年增速大幅回升了 26.7 个百分点；新开工面积同比增长 18.3%，大幅扭转了 2014—2015 年连续两年负增长幅度超过 14% 的紧缩趋势。在 2015 年四季度的中国宏观经济论坛年终报告中，我们分析认为，房地产周期对于中国经济的作用依然巨大，房地产投资的触底和底部运行的长度将强烈影响宏观经济触底的时点和持续的长度，特别是房地产投资能否在 2016 年二季度成功反转是决定本轮中国经济下行

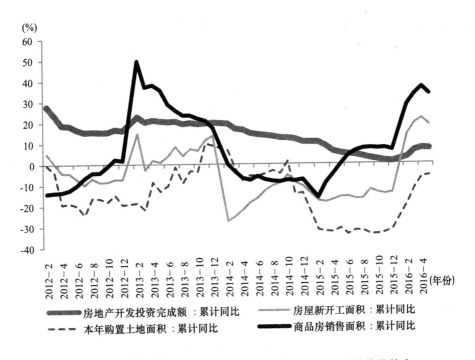

图 2—6　房地产投资回升反映了房地产市场销售回暖的传导效应

的底部的深度和持续长度的一个重要因素。因此，房地产投资增速的反转力度大小，尤其是在 5 月份再次出现的小幅回调，值得进一步关注，它将会影响全年的经济走势。

第三，相比一季度的企稳回升，二季度固定资产投资增速的再度回落，主要是受民间固定资产投资增速的急剧下滑和第三产业增速放缓的影响，包括房地产投资增速在 5 月份的小幅回调。

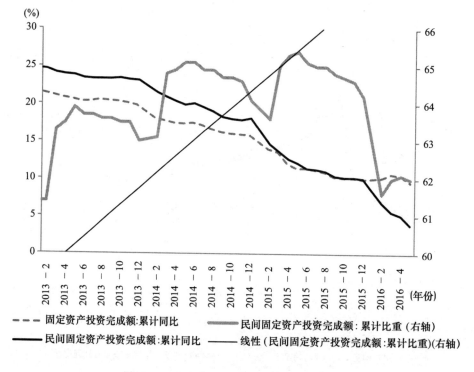

图 2—7　民间固定资产投资增速急剧下滑

首先，2016 年民间固定资产投资增速出现大幅下滑，特别是在二季度进一步加剧，是导致固定资产投资短期企稳的根基不牢而出现再度下滑的主要原因。2016 年 1—5 月，民间固定资产投资累计同比仅增长3.9%，比 2015 年全年增速大幅下降 6.2 个百分点，比2016 年一季度下降 1.8 个百分点。民间固定资产投资占全社会固定资产投资的比重也从 2015 年的 64.2% 下滑到 2016 年 1—5 月份的 62.0%，逆转了持续多年上升的趋势。

其次，固定资产投资增速下滑由第二产业下滑为主导，转化为第二产业、第三产业投资增速的全面下滑，是导致二季度投资增速再度回落的重要力量。2016 年一季度，虽然第二产业固定资产投资完成额累计同比仅增长 7.3%，比 2015 年持续回落 0.7 个百分点，但第三产业固定资产投资完成额累计同比增长 12.6%，比 2015 年全年增速大幅回升 2.0 个百分点。然而，进入二季度后，固定资产投资增速出现全面下滑。2016 年 1—5 月，第二产业固定资产投资完成额累计同比增长 5.8%，比一季度大幅下滑 1.5 个百分点，第三产业固定资产投资完成额累计同比增长 11.9%，也比一季度下降了 0.7 个百分点。

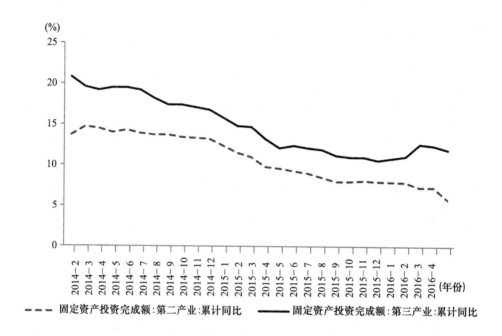

图2—8    第三产业投资增速放缓

### 4. PMI重回扩张区间，企业盈利回升、开始补库存，显示宏观经济已经触底反弹

第一，制造业采购经理人指数（PMI）重回扩张区间。2016年3月起，制造业PMI大幅回升至50的"荣枯线"以上，结束了连续7个月的紧缩状态，进一步强化了经济企稳的信号。此前，中国经济景气指数总体呈现低迷状态，尤其是制造业PMI指数呈现出一定程度的下滑趋势，连续7个月运行在"荣枯线"以下。因此，3

月份制造业 PMI 重回"荣枯线"以上，具有某种转折性意义。此外，服务业 PMI 指数虽然有所弱化，但也持续运行在扩张区间。

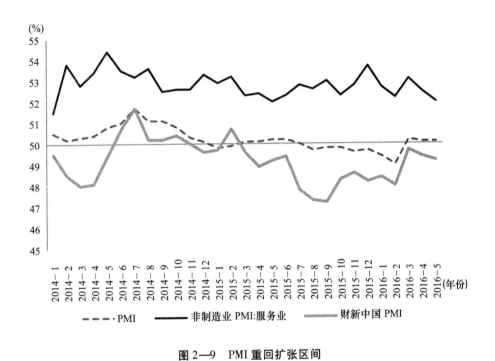

图 2—9　PMI 重回扩张区间

　　第二，工业企业业务收入企稳，盈利回升，亏损面减少。2016 年 1—4 月，工业企业主营业务收入增速企稳回升，增长 2.3%，比 2015 年全年增速回升 1.7 个百分点；工业企业利润总额增长 6.5%，较 2015 年全年增速大幅回升 8.8 个百分点；相应地，工业企业亏损面减少，亏损企业数仅增长 0.6%，较 2015 年全年增速大幅下降

30.7 个百分点。

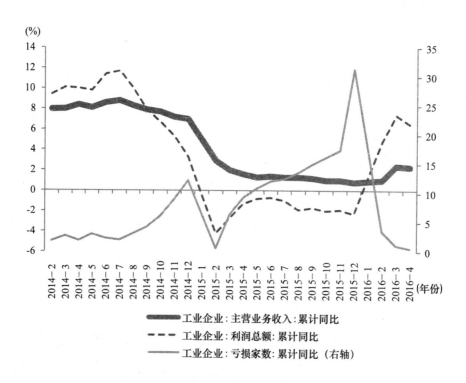

图 2—10　工业企业绩效出现明显改善

　　第三，宏观经济触底的另一个核心迹象是企业开始补库存。2014 年随着美元的走强，企业普遍出现去库存的行为，直到去年年底主要产品的库存达到了历史低位。而今年以来，随着美元走软，大宗商品价格回升，开始出现重新补充库存的现象，这说明过去市场恐慌带来的超调已经去除，市场已经恢复相对常态化。这是触底迹象出现很重要的原因。

## 5. 政府公共财政收入和基金性收入增速回升，财政状况改善

2016 年经济下行带来的财政压力仍然存在，但是相比 2015 年有明显改善。尽管在工业和进出口大幅下滑的作用下，公共财政收入继续承受压力，但是由于房地产市场的复苏，使得税收收入和基金收入持续恶化的趋势得到了极大缓解。2016 年 1—5 月，公共财政收入累计同比增长 8.3%，比去年同期提高 3.3 个百分点，比去年全年下降 0.1 个百分点；2016 年 1—5 月，政府性基金收入累计同比增长 6.2%，增速不仅由负转正，而且比去年同期大幅提高 41.9 个百分点，比去年全年提高 28.0 个百分点；两者合计导致政府性收入同比增长 8.0%，相比去年全年的"零增长"，大幅提高了 7.9 个百分点。值得一提的是，2016 年税收收入大幅增长。1—5 月份，税收收入同比增长 10%，比去年同期和去年全年分别大幅提高 8.0 个和 5.2 个百分点。

2016 年中国宏观经济运行呈现的上述五大"企稳"迹象，表明中国宏观经济开始进入底部区间。然而，在世界经济周期、中国房地产周期、中国的债务周期、库存周期、新产业培育周期、政治经济周期以及宏观经济

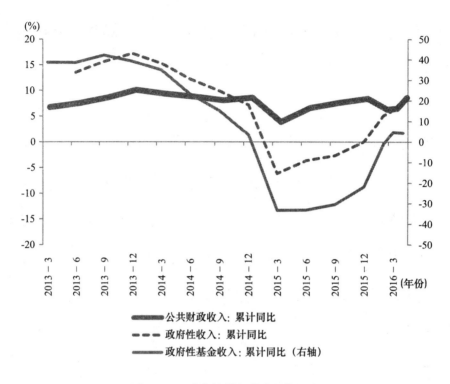

图 2—11 政府性收入增速显著回升

政策再定位等因素的作用下，中国经济的深度下滑期和风险集中释放期尚未平稳度过，2015 年出现的宏观经济结构分化、微观变异、动荡加剧的局面仍在延续，表现为以下五大"探底"特征：

1. **各类宏观先行指数依旧疲软**

最能反映宏观经济状况的各类宏观先行指数目前并没有随着各类政策力度的大幅度加大和工业领域与房地产的企稳而出现明显的逆转。例如，OECD 中国经济先行指数 2016 年二季度基本停留在 98.3，处于扩展分界线

100 之下和近几年来的底部；同时中国国家统计局的宏观经济先行指数在 2016 年 4 月仅为 98.79，基本上在第二季度结束了 2015 年四季度以来景气改善的局面，这也说明今年上半年经济企稳具有暂时性。

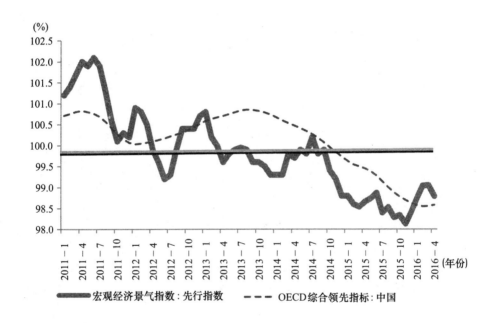

图 2—12　各类宏观先行指数依旧疲软

### 2. 内需疲软，消费增速明显下滑

2016 年 1—5 月份，社会消费品零售总额累计同比增长 10.2%，比 2015 年下滑 0.5 个百分点，扣除价格因素，实际增长 9.6%，比 2015 年下滑 0.6 个百分点，均创近年来的新低。其中，餐饮收入和商品零售均出现一

定幅度的下滑，意味着消费需求疲软在短期内还将持续。

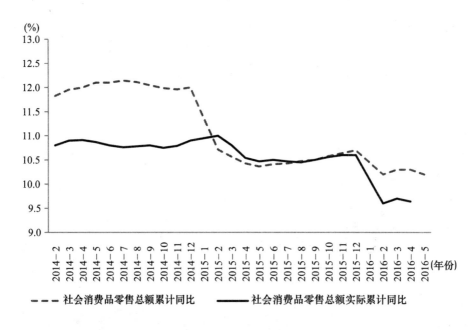

图 2—13　消费增速出现明显下滑

## 3. 外需乏力，贸易总额与顺差"双下降"，出口形势较为严峻，"衰退式顺差"现象仍在延续

2016 年 1—5 月，进出口总额同比下降 8.6%，比 2015 年回落 0.5 个百分点，对外贸易继续呈现收缩的趋势。其中，1—5 月出口额同比下降 7.3%，比 2015 年跌幅扩大 4.4 个百分点，形势较为严峻；而进口额同比下降 10.3%，比 2015 年跌幅缩小了 4.0 个百分点。出口增速仍然高于进口，导致衰退式顺差持续存在；同时由于

出口增速更大幅度的回落，导致顺差规模增幅减小。2016 年 1—5 月，贸易顺差为 2175 亿美元，同比仅增 2.3%。

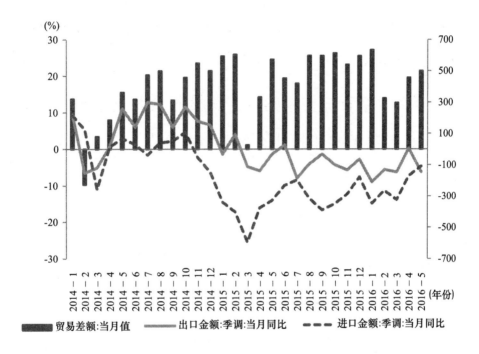

图 2—14　"衰退式顺差"现象仍在延续

### 4. 民间固定资产投资增速出现大幅下滑

2016 年民间固定资产投资增速出现大幅下滑，1—5 月累计同比仅增长 3.9%，比 2015 年全年增速大幅下降 6.2 个百分点。民间固定资产投资占全社会固定资产投资的比重也从 2015 年的 64.2% 下滑到 2016 年 1—5 月的

62.0%，逆转了多年持续上升的趋势。作为投资主力，民间固定资产投资增速的急剧下滑，成为全社会固定资产投资实现企稳回升的最大隐患。

民间投资增速下滑进一步凸显了当前投资企稳主要是受到政策拉动。第一，从细分行业看，2016年1—4月，基础设施投资增速达到19.7%，比2015年全年增速提高了2.4个百分点；房地产开发投资增速达到7.2%，比2015年全年增速回升了6.2个百分点。

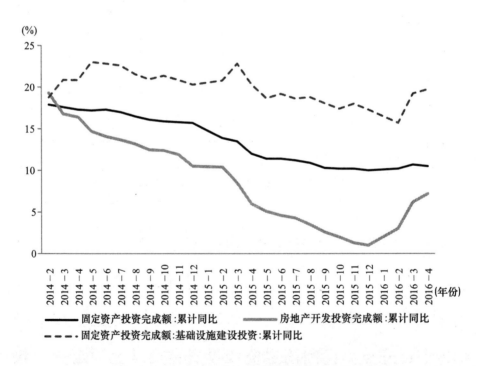

图2—15    一季度的投资企稳主要是受基建和房地产投资拉动

第二，从投资主体看，1—4 月，国有及国有控股单位的固定资产投资增速大幅飙升至 23.7%，比 2015 年全年增速提高 13.1 个百分点，而私营企业的投资增速则继续下滑，1—3 月份为 11.9%，比 2015 年全年回落 2.7 个百分点（两类企业固定资产投资占比均达三成）。

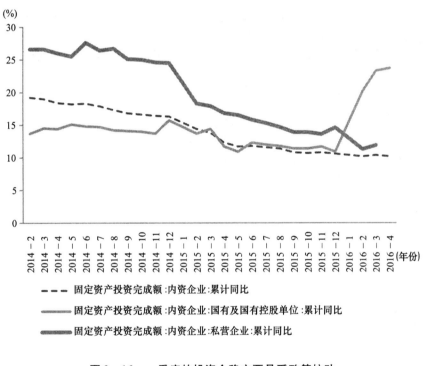

图 2—16　一季度的投资企稳主要是受政策拉动

## 5. 工业增速跌破 6%，或反映了去产能开始有实质性进展

2016 年 1—5 月，规模以上工业增加值增速进一步下

滑至5.9%，比2015年下滑0.2个百分点，但比2016年一季度回升了0.1个百分点。其中，制造业工业增加值增速跌破7%，1—5月同比增长6.7%，同为近年来的低点。随着供给侧结构性改革和存量调整政策的持续加码，去产能、去库存、去杠杆压力的加重，工业增速下行压力短期内将持续存在。根据工业增加值与GDP增速的历史关系，同时考虑到服务业，尤其是金融业基数效应增速可能出现明显回落，GDP增速下滑的压力进一步加大，全年6.5%的增长目标仍面临考验。

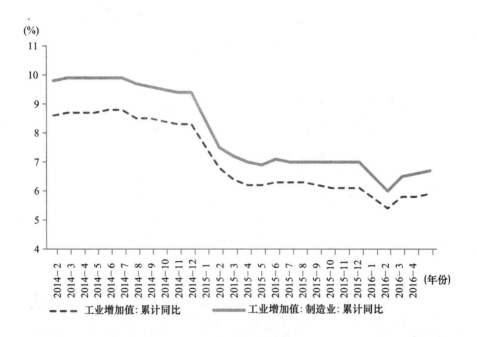

图2—17　工业增速跌破6%

　　工业增速的进一步下滑，可能反映了国企去产能开始有实质性进展。从增加值下滑涉及的所有制主体看，国有及国有控股企业下滑幅度最大，2016 年 1—5 月同比负增长 0.2%，比 2015 年大幅回落 1.6 个百分点，且增速由正转负，进入绝对收缩状态；从增加值下滑涉及产业主体看，采矿业增速下滑幅度最大，2016 年 1—5 月同比仅增长 0.7%，比 2015 年大幅回落 2.0 个百分点。这种总量和结构性的下滑，可能反映了当前围绕国有企业去产能的存量调整已经开始有实质性进展。2016 年全面

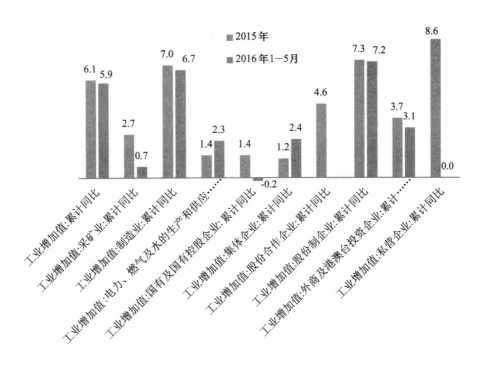

图 2—18　工业的结构性下滑反映了去产能的开展

启动的供给侧结构性改革和存量调整政策将决定存量运行的底部和反弹的时点。

2016 年上半年，中国宏观经济运行呈现的持续探底与短期企稳的特征表明中国宏观经济开始进入底部区间。整体来看，中国宏观经济运行态势良好，经济触底迹象显现，但是当前发达经济体和新兴经济体的经济仍然低迷，国内供给侧结构性改革和存量调整政策的持续加码，去产能、去库存、去杠杆压力的加重，以及房地产周期调整所带来的不确定性等，都使得中国经济从触底到实现反弹的区间拉长。从短期来看，随着一季度"稳增长"政策的全面加码，中国宏观经济于一季度至二季度短期趋稳，但"稳增长"政策难以从根本上改变本轮"不对称 W 型"周期调整的路径，本轮周期的第二个底部低点将在四季度左右开始出现。

# 三　　当前宏观经济面临的深层次问题

在看到上述宏观经济短期趋稳的同时，以下几个方面的变化却值得我们高度重视：

## 1. "去产能"还没有展开，而过剩行业产品价格却开始出现大幅度波动

最为典型的就是钢铁。自 2016 年年初以来，钢价出现剧烈波动，螺纹钢期货价格从 2016 年年初的不到 1800 元/吨，上涨到 4 月份最高点 2700 元/吨，随后又下滑到

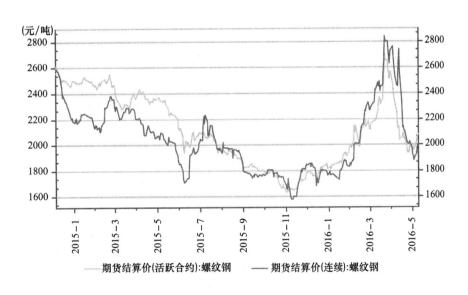

图 3—1　钢铁价格出现剧烈波动

5月份不足2000元/吨，目前又回升到约为2100元/吨。

**2. 三四线房地产"去库存"还没有开始，一二线房地产价格却出现全面上扬**

2016年4月，一线城市房价同比上涨33.9%，二线城市房价同比上涨7.3%，远高于CPI上涨幅度。从环比指标看，一线城市房价已经连续14个月环比上涨，4月份环比上涨2.8%，二线城市已经连续12个月环比上涨，4月份环比上涨1.8%。从绝对水平看，2016年5月，一线城市均价已经达到36524元/平方米，二线

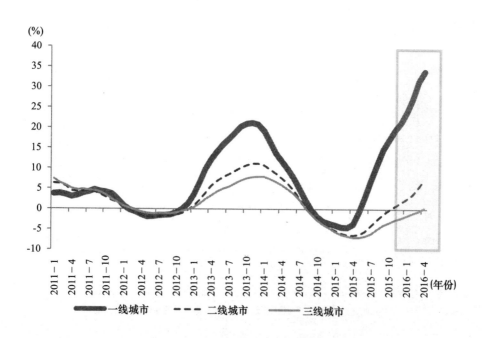

图3—2    一二线房地产价格出现全面上扬

城市均价也已经达到 10531 元/平方米。然而与此同时，在扣除一二线房地产库存之后，三四线房地产库存基本没有变化。

### 3. "僵尸企业"还没有开始整治，大量高负债国有企业却已经开始大规模进军土地市场、海外并购市场和金融投资市场

据不完全统计，2016 年 1—5 月，全国土地市场上成交总价超过 15 亿元地块达 105 宗，成交总价为 3288 亿元，其中有 52 宗"地王"创造者为国企，合计成交金额达 1786 亿元，占比达 54%。这一现象与国企特别是央企资产负债表的急剧扩张一致。2016 年 1—4 月，国企资产累计同比增长 15.2%，相比 2015 年同期的 11.5%，大幅提高了 3.7 个百分点；国企负债累计同比增长 18.0%，相比 2015 年同期的 11.2%，大幅提高了 6.8 个百分点。其中，央企资产累计同比增长 18.3%，相比 2015 年同期的 9.6%，大幅提高了 8.7 个百分点；央企负债累计同比增长 23.4%，相比 2015 年同期的 9.0%，大幅提高了 14.4 个百分点。进一步分析发现，央企的资产负债表扩张并不是基于营业收入或者盈利水

平的改善。事实恰好相反，央企营业收入和利润总额还
在持续下滑。2016 年 1—4 月，央企营业收入累计同比
下降 3.9%，利润总额累计同比下降 6.6%。

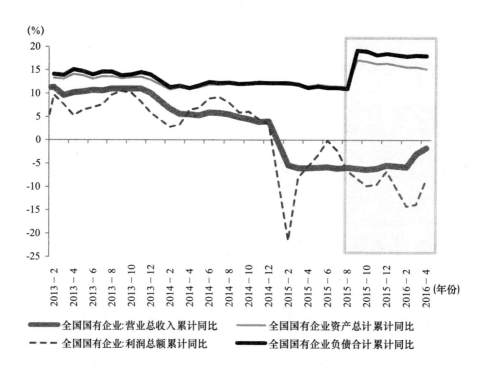

图 3—3　国企资产负债表急剧扩张

除了大规模进军土地市场，国有企业也开始大规
模进入海外并购市场。据市场分析报告显示，2015
年中国内地企业海外并购交易数量激增 41%，创历史
新高，其中，国有企业海外并购交易数量增长 19%，
并购交易金额增长 51%。2016 年一季度，中国企业

海外并购交易金额已经达到826亿美元，超过以往任何年度交易金额，这意味着2016年国企海外并购的规模比2015年更大。

与此同时，从利润构成来看，投资收益和营业外收入成为企业盈利的重要来源，说明"脱实向虚"的现象进一步加剧。2016年一季度，企业30.5%的利润来源于投资收益和营业外净收入的增加。这说明各类企业大量进入金融投资市场，通过脱实向虚来获得短期的收益，反映企业投资行为发生了重大的变异。

国有企业通过举债的方式，大规模进军土地市场、海外并购市场和金融投资市场，直接导致其资产负债率进一步攀升。自2015年下半年以来，国有企业的资产负债率水平出现了明显上升，截至2016年4月份已经达到66.2%，比2015年同期提高了1.2个百分点，特别是中央企业的资产负债率已经达到67.9%，比2015年同期大幅提高了2.7个百分点。

国有企业在高负债条件下大规模进入房地产市场、海外并购市场和金融投资市场标志着中国金融风险必将进一步上扬，如何化解这一困境已经成为经济政策调整的核心之一。

## 4. "去杠杆"各类举措开始布局,但宏观债务率加速上扬

2016 年一季度,社会融资总额与 GDP 之比达到199.6%,比 2015 年同期提高了 11.1 个百分点;剔除股权融资后的社会融资总额与 GDP 之比达到 191.5%,比2015 年同期提高了 10.3 个百分点(注:2015 年年末,上述两个比值分别为 204.1% 和 195.9%,即 2016 年一季度比 2015 年有所下降,但是估算方法本身决定了上述比值从一季度到四季度会逐渐升高,即只能进行同期相比)。

## 5. "降成本"如火如荼展开,但各类宏观税负指标却持续上扬

中国宏观税负指标增长趋势在 2015 年出现一定程度的放缓,但 2016 年又再度出现明显上扬。2016 年税收收入和公共财政收入大幅增长。1—5 月,税收收入同比增长 10%,比 2015 年同期和 2015 年全年分别大幅提高8.0 个和 5.2 个百分点;公共财政收入累计同比增长8.3%,也比去年同期提高 3.3 个百分点。2016 年一季度,税收占 GDP 的比重上升到 20.8%,比 2015 年的18.5%大幅提高了 2.3 个百分点;公共财政收入占 GDP

比重更高，一季度达到 24.5%，比 2015 年的 22.5% 提高了 2 个百分点。可见，虽然"降成本"如火如荼地展开，但各类宏观税负指标却在持续上扬。

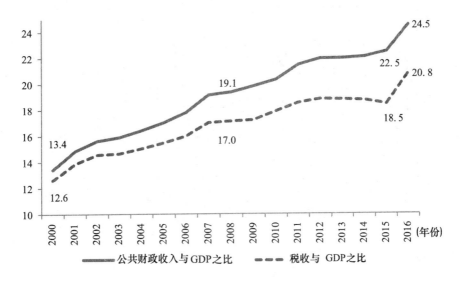

图 3—4　宏观税负指标持续上扬

与此同时，从工业企业每百元主营业务收入中的成本变化来看，降成本有一定的效果，从 2015 年的 85.90 元下降到 2016 年的 85.55 元，回落了 0.35 元。但是如果考虑到 2016 年 1—5 月工业品进料价格较 2015 年同期下滑了 5.8 个百分点，那么其他成本在今年实际上依然处于上升状态。这从国有企业的财务数据也可以得到佐证：1—4 月，国有企业销售费用、管理费用和财务费用同比分别增长5.9%、4.7%和0.1%。

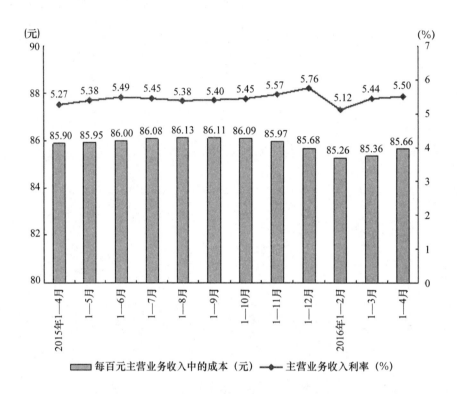

图3—5　工业企业每百元主营业务收入中的成本

## 6. 房地产投资增速和国有独资企业投资超预期反弹，但民间投资增速却直线回落

2016年以来，房地产投资增速出现明显反转。1—5月，房地产开发投资完成额累计同比增长7.0%，比2015年大幅回升了6.0个百分点，比2016年一季度也提高了0.8个百分点，这也是房地产投资增速从2013年2月22.8%的小峰值持续下滑至2015年年底1%后的首次

回升，房地产投资占比从 2015 年的 17.4% 上升到 18.4%。1—5 月，房地产新开工面积同比增长 18.3%，大幅扭转了 2014—2015 年连续两年负增长幅度超过 14% 的紧缩趋势。

与此同时，在国家各类政策刺激的作用下，作为国家投资项目落地核心承载者的国有独资企业，其固定资产投资增速从 2015 年年底的 15.7% 飙升至 2016 年 4 月的 146.8%。然而，民间固定资产投资增速却出现大幅

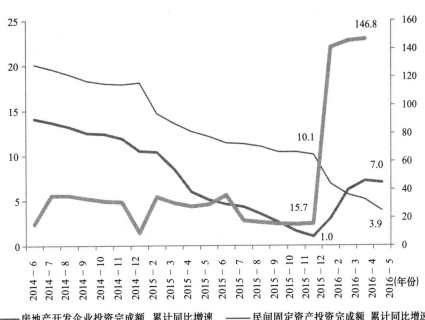

图 3—6　固定资产投资尚未形成企稳或复苏的基础

下滑，1—5 月累计同比仅增长 3.9%，比 2015 年全年增速大幅下降 6.2 个百分点。民间固定资产投资占全社会固定资产投资的比重也从 2015 年的 64.2% 下滑到 2016 年 1—5 月份的 62.0%，逆转了多年持续上升的趋势。作为投资的主力，民间固定资产投资增速的持续下滑成为全社会固定资产投资实现真正的企稳回升的最大隐患。

**7. M2 增速保持稳定，但 M1 增速却出现持续上扬**

2016 年以来，M2 增速保持稳定，但 M1 增速却出现持续的大幅上扬。这种上扬的态势只在 2009 年 1 月至 2010 年 1 月出现过，这种背离需要重点关注。2016 年 4

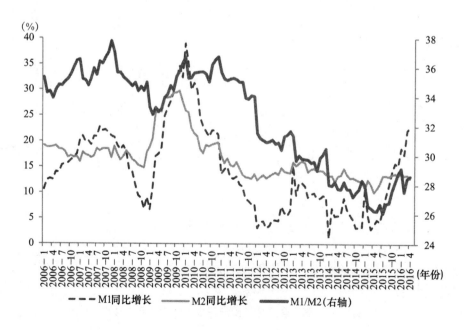

**图 3—7　M1－M2 缺口持续扩大**

月，广义货币供应量（M2）同比增长12.8%，保持基本稳定，符合13%的年度增长目标。但自2015年下半年以来，狭义货币供应量（M1）增速却出现持续上扬，4月份同比增长22.9%，比2015年同期增速大幅提高19.2个百分点，比2015年全年增速提高7.7个百分点。M1与M2缺口的持续扩大，导致M1/M2的比值指标出现明显回升，从2015年4月的26.3%回升到2016年4月的28.6%。

M1和M2增速缺口的持续扩大，说明受到资金内生性收缩的压力，货币资金加速短期化，流动性向实体经

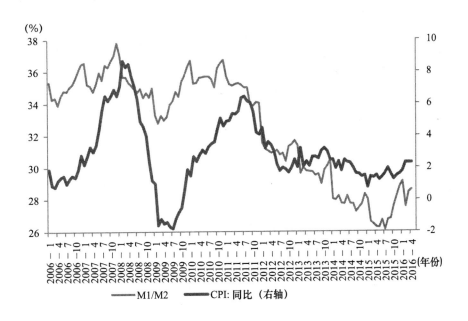

图3—8　M1－M2缺口与CPI的联动关系

济的渗透力进一步下滑。历史数据显示，M1/M2 与 CPI 有较高的一致性，因此 M1/M2 持续升高可能意味着短期内 CPI 还会继续上涨。受物价上涨、房地产市场泡沫以及杠杆率持续攀升等因素的掣肘，货币政策将由上半年较为宽松的定位转向适度稳健。

**8. 居民收入增速持续超过 GDP 增速，但劳动力生产率以及企业盈利能力却出现持续下滑**

2015 年城镇居民人均可支配收入增长 8.2%，比名义 GDP 增速高 1.8 个百分点，2016 年一季度，城镇居民

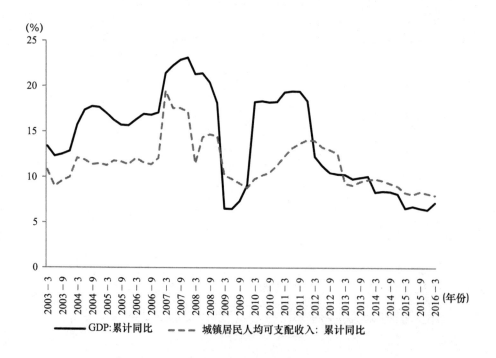

图 3—9　居民收入增速持续超过 GDP 增速

人均可支配收入增长 8.0%，比 GDP 增速高 0.8 个百分点。

　　事实上，从 2010 年开始，农民工工资上涨速度开始超过名义 GDP 增速，从 2012 年年初起，农民工工资、私营单位就业人员工资、城镇非私营单位就业人员工资，开始全面超过名义 GDP 增速。2012—2015 年，农民工工资、私营单位就业人员工资、城镇非私营单位就业人员工资平均增速分别为 10.7%、12.8%、10.4%，比该期间平均 8.7% 的名义 GDP 增速分别高出 2.0 个、4.1 个和

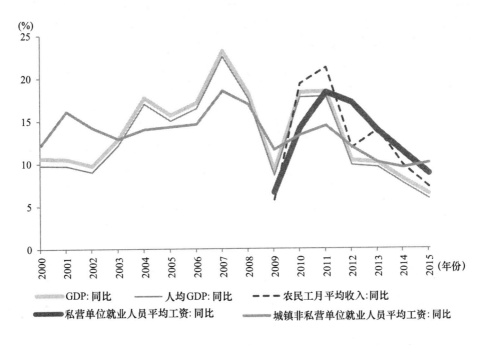

图 3—10　各类群体的工资增速开始全面超过名义 GDP 增速

1.7 个百分点。

　　然而，中国劳动生产率增速呈现出持续下滑的趋势，特别是 2012 年以来，劳动生产率增速显著下降。国家全员劳动生产率实际增速从 2010 年的 10.2% 持续下降到 2015 年的 6.6%，名义增速从 17.9% 持续下降到 6.1%。

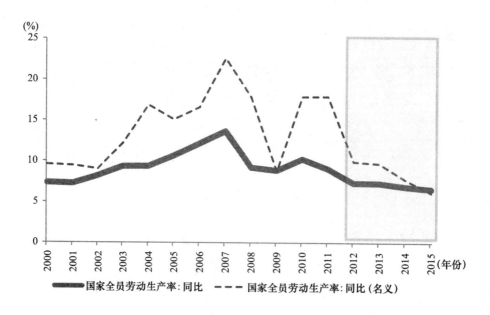

图 3—11　劳动生产率增速呈现出持续下滑的趋势

　　同时，自 2011 年以来，企业盈利能力出现持续下滑。2015 年，工业企业总资产回报率（利润总额/总资产）为 6.4%，比 2014 年下降 0.6 个百分点，净资产回

报率（利润总额/净资产）为 14.5%，比 2014 年下降
1.7 个百分点。2016 年 1—4 月实现的利润总额与总资产
和净资产的比值为 1.9% 和 4.4%，与 2015 年同期持平。

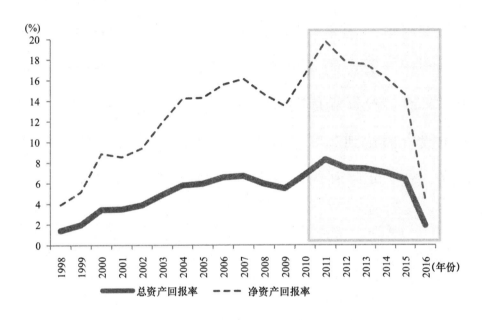

图 3—12　企业盈利能力出现持续下滑

　　这种持续的超国民收入分配直接导致短期企业投资
增速下滑，中期经济增长动力和潜在经济增长速度下滑。
这就使中国目前陷入一个新的"两难困境"之中——要
提高企业投资率就必须降低工资与福利收入增速，导致
消费增速下降，而要提高收入与消费的增速，就要削弱
企业投资收益，导致投资下滑，即"投资—消费不可兼

得的困局"。

### 9. 对外投资增速急剧上扬，但出口增速却持续低迷

2016 年 1—4 月，中国非金融类对外直接投资额达到 601 亿美元，已经超过 2015 年全年的一半，比 2015 年同期增长 71.8%，比同期增速提高 35.7 个百分点，比实际利用外资金额高出 148 亿美元，这也是中国非金融类对外直接投资额首次超过实际利用外资金额。其中，4 月份投资额达到 200 亿美元，创中国对外直接投资历史新高，达到实际利用外资金额的两倍多。

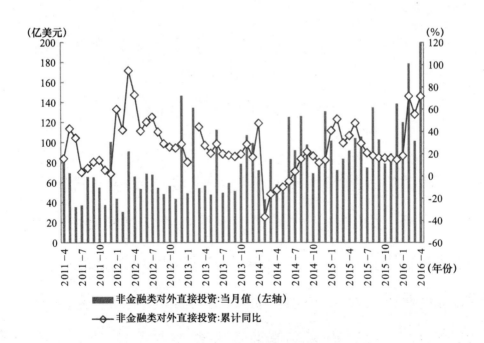

图 3—13　中国对外直接投资增速急剧上扬

　　然而，中国出口增速却持续低迷。2016 年 1—5 月，出口额同比下降 7.3%，比 2015 年同期增速下降 7.6 个百分点，比 2015 年全年跌幅扩大 4.5 个百分点，形势较为严峻。而进口额同比下降 10.3%，比 2015 年跌幅缩小了 4.0 个百分点。出口增速仍然高于进口，导致衰退式顺差持续存在；同时由于出口增速更大幅度的回落，导致顺差规模增速减小。2016 年 1—5 月份，贸易顺差为 2175 亿美元，同比仅增长 2.3%。

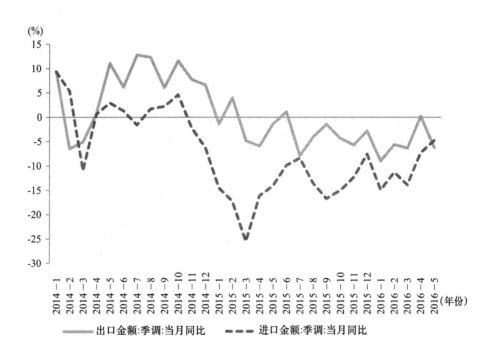

图 3—14　中国出口增速持续低迷

**10. 各类技术指标进步神速，新经济增长动力开始显现，但总体劳动生产效率却依然处于持续下滑的区间**

2016 年一季度，工业中包括节能环保产业、新一代信息技术、生物产业、高端装备制造业、新能源产业、新材料产业、新能源汽车在内的战略性新兴产业同比增长 10%，高于全部规模以上工业企业增速 4.2 个百分点。但是，这些行业占总体 GDP 比重不足 10%，难以从根本上缓解目前劳动生产率下滑的局面。如前所述，中国总体劳动生产效率增速呈现出持续下滑的趋势，特别是

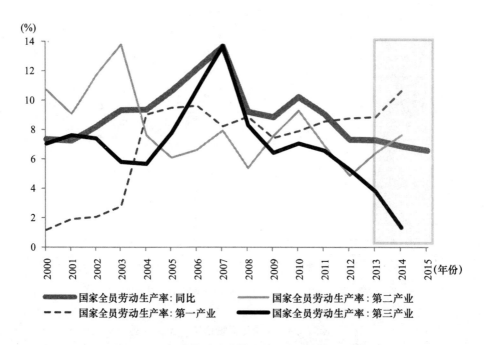

图 3—15　总体劳动生产效率增速呈持续下滑趋势

2012 年以来，劳动生产率增速显著下降。国家全员劳动生产率实际增速从 2010 年的 10.2% 持续下降到 2015 年的 6.6%，名义增速从 17.9% 持续下降到 6.1%。

**11. 工业等传统行业有所企稳，但服务业和新兴行业却开始呈现疲态**

2016 年 3 月起，制造业 PMI 回升至 50 的"荣枯线"以上，结束了连续 7 个月的紧缩状态，重回扩张区间。同时，工业企业业务收入企稳，盈利回升，亏损面减少。2016 年 1—3 月，工业企业主营业务收入增速企稳回升，增长 2.4%，比 2015 年全年增速回升 1.8 个百分点；工业企业利润总额增长 7.4%，较 2015 年全年增速大幅回升 9.7 个百分点；相应地，工业企业亏损面减少，亏损企业数仅增长 1.1%，较 2015 年全年增速大幅下降 30.2 个百分点。以上表现显示，工业等传统行业有所企稳。

然而，2016 年一季度，服务业 GDP 同比增长 7.6%，增速比 2015 年同期下滑 0.4 个百分点，比 2015 年全年增速下滑 0.7 个百分点。进入二季度，第三产业固定资产投资增速也出现下滑。2016 年 1—5 月，第三产业固定资产投资完成额累计同比增长 11.9%，比一季度增速下降了 0.7 个百分点。与此同时，由于快速吸纳就业，第三产业劳动生产率增速也出现急剧下滑。第三产业国家全员劳动生产率实际增速从 2007 年的 13.7% 持续下降到 2014 年的 1.4%，名义增速从 24.9% 持续下降到 4.7%。

**12. 投资增速短期企稳后回落，消费增速却出现持续回落**

2016 年一季度，固定资产投资增长 10.7%，短期企稳，进入二季度后再度回落。1—5 月，固定资产投资完成额累计同比增长 9.6%，比一季度大幅下滑 1.1 个百分点，比 2015 年下滑 0.4 个百分点。相比之下，消费增速却出现持续回落。2016 年 1—5 月，社会消费品零售总额累计同比增长 10.2%，比 2015 年下滑 0.5 个百分点，扣除价格因素，实际增长 9.6%，比 2015 年下滑 0.6 个百分点，均创近年来的新低。其中，餐饮收入和商品零售均出现一定幅度的下滑，尤其是 5 月份，增速分别破 11% 和 10%，零售总额破 10%，意味着消费需求疲软在短期内还将持续。

上述 12 大现象充分说明了中国宏观经济运行依然面临四大方面的问题：一是供给侧结构性改革的着力点还没有完全找到；二是稳增长政策并没有缓解宏观经济深

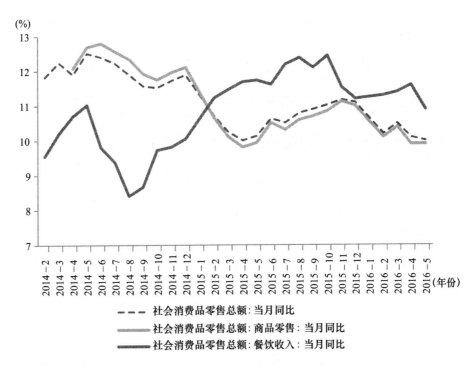

图 3—16　消费增速出现持续回落

层次问题，反而使各类扭曲大幅度上扬，资源配置的效率持续恶化，经济主体的信心没有得到改善；三是经济回落的负反馈机制开始发生变化，经济内生性下滑的压力有所加剧，"生产效率预期下滑" + "投资收益预期下滑" + "收入增速预期下滑"所带来的市场型投资疲软和消费疲软开始向深度蔓延。短期产出与中期潜在产出的负向强化机制、超国民收入分配所带来的"消费—投资"困局、实体经济与虚拟经济相对收益下滑所带来的进一步"脱实向虚"等三大新难题已经成为中国宏观经济摆脱持续探底困境的核心障碍；四是当前宏观经济的短期企稳构建在大规模政策宽松和泡沫化房地产复苏之上，实体经济与虚拟经济之间的分化决定了中国宏观经济还没有形成持续稳定或复苏的基础。

# 四 底部徘徊的基本逻辑和
# 需要关注的核心问题

2016 年中国宏观经济运行呈现底部徘徊特征，基本逻辑在于：尽管中国经济出现短期趋稳，但是世界经济仍有可能出现二次探底；尽管房地产投资已经在一季度成功反转，但是民间投资出现剧烈下滑；尽管存量调整开始大规模启动，但增量扩展还不足以弥补不平衡逆转和传统存量调整带来的缺口；尽管中国政治经济周期已经开始从底部反弹，但新型的激励相容的正向激励体系还没有完全建立起来。这些因素具有一定的不确定性，共同决定了中国宏观经济虽然已经到达底部区间，但是必须在持续筑底中化解风险和积蓄力量。2016 年必须对世界经济的发展趋势、民间固定资产投资的回落、房地产市场的复苏、改革动力体系的构建、微观主体行为整体性变异、各种"衰退式泡沫"的冲击以及经济探底进程中的宏观经济政策再定位等几大问题进行高度关注。

1. 世界经济的持续探底对中国经济形成复杂影响。全球经济和贸易增速持续放缓给中国经济带来了总量和结构上的双重困难，而大宗商品价格低位运行，为中国经济转型提供了相对宽松的条件

第一，当前世界经济形势持续表现为"四低"特征，即持续的低增长、低贸易、低通胀和低利率。"新平庸"或"大停滞"下的世界经济，通过贸易渠道、投资渠道和汇率渠道对中国经济总体上产生较为不利的影响。

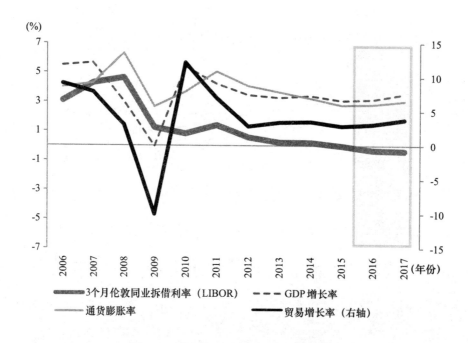

图4—1　全球经济和贸易增长持续放缓

首先，全球经济增速持续放缓。国际货币基金组织（IMF）最新的《世界经济展望》下调了 2016 年全球经济增长预期至 3.2%。实际上，从 2012 年开始，全球 GDP 增速就持续低于 3.5%，2015 年全球 GDP 增速仅为 3.1%。

各种景气指数也反映全球主要经济体增长式微。美国、G7、OECD 成员国以及外加六个主要非成员国的 OECD 综合领先指标均持续低于 100 的荣枯线，反映世界主要经济体复苏乏力，短期内难以恢复强劲增长。

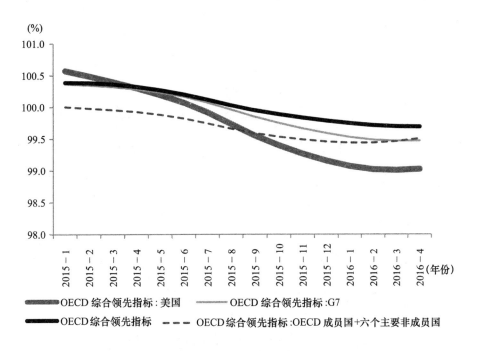

图 4—2　OECD 综合领先指标持续疲软

其次，在全球经济增速持续放缓的背景下，贸易保护主义抬头，全球贸易增长出现持续的"超调"现象。金融危机前，在全球化背景下，商品和服务贸易保持高速增长，2006年和2007年增长率分别达到9.3%和8.0%；然而，随着2008年全球金融危机的爆发，在经历了2008—2011年的"危机—反危机—复苏—危机"的大幅震荡波动后，全球贸易增长轨迹发生了重大变异，从2012年开始持续维持在3%左右的低速增长，2015年为2.8%，低于全球GDP增速。2016年世界贸易仍然保持放缓的趋势，预计全年增速在3%左右（IMF预测为3.1%）。

再次，由于全球复苏乏力和总需求疲软，全球通货膨胀率持续保持在较低水平。2015年全球通胀率仅为2.8%，发达经济体通胀率仅为0.3%，接近于零。2016年全球通胀率预计仍维持在相同的水平（IMF预测2016年全球通胀率为2.8%，发达经济体为0.7%）。

最后，为刺激经济加速复苏，世界各国央行先后推出了量化宽松的货币政策，持续维持超低利率水平，甚至实行负利率政策。2008年全球金融危机之后，主要发达国家央行先后将政策利率降至接近于零的水平。2014

年6月，欧洲央行首次将存款利率下调至 −0.1%，实行负利率政策，并在2014年9月、2015年12月和2016年3月三次降息至 −0.4%；2016年1月，日本央行也推出了负利率政策，将利率下调至 −0.1%。据不完全统计，目前实行负利率政策的主要央行已有5家（其他3家为瑞士央行、瑞典央行和丹麦央行）。

全球经济和贸易增速持续放缓给中国经济带来了总量上和结构上的双重困难。首先，在总量上，全球经济增速持续放缓造成中国出口需求萎缩，派生总需求疲软和经济下行压力，使中国经济被动地从出口驱动模式急剧地转向内需拉动模式。2016年一季度GDP增长核算中，货物和服务贸易净出口的贡献率为 −20.5%，资本形成总额的贡献率为35.8%，而最终消费支出的贡献率达到84.7%。

其次，在结构上，由于中国经济长期实行出口导向型发展模式，产能结构按照全球产业链的历史发展趋势进行配置，因此，当前的贸易超调加剧了部分行业的产能过剩问题。换句话说，中国的产能过剩问题之所以如此严重，部分原因就在于金融危机前外向型的产能配置，在突然遭遇出口市场萎缩的冲击后，短期内无法与内需形成有效匹配，进而加剧了产能过剩问题的严重性。历史数据显示，中国历次的产能过剩问题都是在全球性金融危机爆发后凸显。未来一两年，全球经济和贸易增速放缓的趋势还将延续，也就意味着中国经济的转型压力还将持续存在。

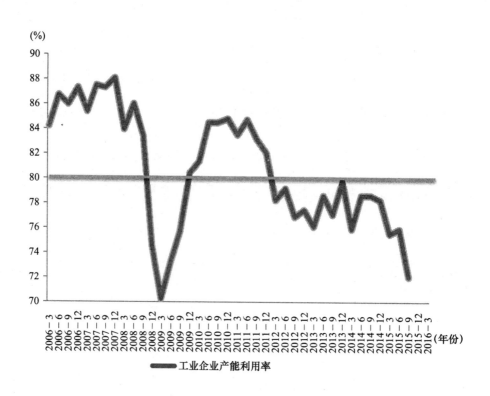

图4—3　工业企业产能利用率急剧下滑

第二，全球大宗商品价格低位运行，为中国经济转型提供了相对宽松的条件。由于全球需求持续疲软，供给较为充足，大宗商品价格自 2012 年起持续走低，2014

年年底开始出现暴跌，至 2015 年，全球大宗商品价格指数已经回到 2005—2006 年的水平，能源大宗商品价格指数已经低于 2005 年水平。大宗商品价格下跌，对于保持中高速增长的中国经济而言，提供了较为有利的成本条件，避免了劳动力成本和原材料成本同时上涨的双重挤压。

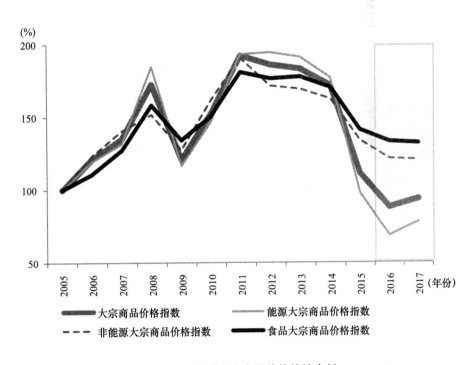

图 4—4　全球大宗商品价格持续走低

问题的关键在于，大宗商品价格未来的走势如何？根据 IMF 和世界银行此前的预测，2016 年大宗商品价格指数会继续下跌，尤其是能源大宗商品价格指数预期跌幅高达 20%（IMF 预测 2016 年石油价格下跌 31.6%，非能源价格下跌 9.4%；世界银行预测 2016 年石油价格下跌 19.2%，非能源价格下跌 5.1%）。然而，进入 2016 年以来，原油价格持续上涨，如布伦特原油价格从 1 月份的 30.7 美元/桶，持续上涨到 4 月份的 41.3 美元/桶。因此，下半年石油价格的走势如何就具有很大的不确定性，同时也显得非常关键。

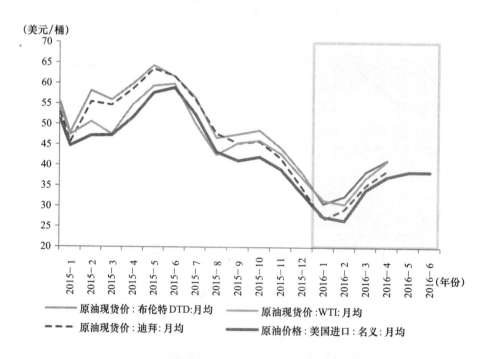

图 4—5　2016 年以来原油价格持续回升

我们分析认为，当前油价等大宗商品价格的上涨主要是对此前价格超调的回调，而从供需基本面上看，2016 年原油价格仍将保持较低水平。原因如下：

第一，2016 年世界原油供给仍然大幅超过需求。2016 年一季度，世界原油供给量有所下降，从 2015 年四季度的 96 百万桶/天，下降至 95.7 百万桶/天，然而世界原油需求量下降幅度更大，从 2015 年四季度的 94 百万桶/天，下降至 93.1 百万桶/天，结果超额供给量从 2 百万桶/天上升到 2.6 百万桶/天。

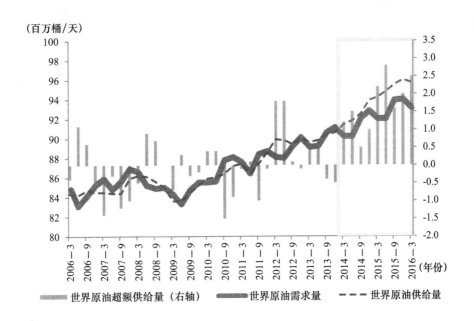

图 4—6　世界原油超额供给持续存在

第二，世界石油库存处于历史高位，并且主要炼油厂开工率仍然在较高水平。截至 2015 年 9 月，全球石油库存达到 4535 百万桶，其中，美国、欧洲、日本石油库存分别达到 2001 百万桶、1430 百万桶和 590 百万桶，均处于历史最高位。而从 2015 年 9 月至今，三大石油产区炼油厂的开工率均维持在 85%—90% 的历史较高水平。

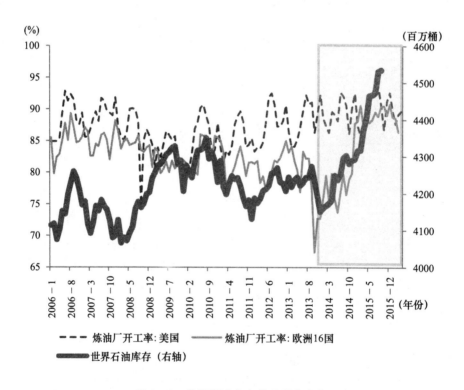

图 4—7　世界石油库存处于历史高位

第三，值得关注的是，大宗商品价格的剧烈波动以及各国央行货币政策的不协调，给 2016 年脆弱的宏观经济和金融市场带来了巨大的不确定性和风险，加剧了国际资本流动和汇率风险。这些都不利于实体经济形成稳定的投资回报预期，不仅提高了资金的风险贴水，更可能加剧资金"脱实就虚"现象。随着美联储已经启动加息进程，而欧洲央行和日本央行还在进一步下调利率至负值区间，全球主要国家央行的货币政策的分歧进一步加大，这将加剧汇率波动风险，引起新兴市场经济体的金融市场动荡。

表4—1　　　　　　　主要发达国家央行实行超低利率政策

| 央行 | 现行利率（%） | 下次会议时间 | 上次变动时间 |
|---|---|---|---|
| 美联储 | 0.50 | 2016 - 6 - 15 | 2015 - 12 - 16 |
| 英国央行 | 0.50 | 2016 - 6 - 16 | 2009 - 3 - 5 |
| 加拿大央行 | 0.50 | 2016 - 5 - 25 | 2015 - 7 - 15 |
| 日本央行 | - 0.10 | 2016 - 6 - 16 | 2016 - 1 - 29 |
| 欧洲央行 | - 0.40 | 2016 - 6 - 2 | 2016 - 3 - 10 |
| 瑞士央行 | - 0.75 | 2016 - 6 - 16 | 2015 - 1 - 15 |

表4—2　　　　　　　"金砖五国"央行利率政策也存在显著差异

| 央行 | 现行利率（%） | 前值（%） | 上次变动时间 |
|---|---|---|---|
| 中国 | 4.35 | 4.60 | 2015 - 10 - 23 |
| 印度 | 6.00 | 5.75 | 2016 - 4 - 5 |
| 南非 | 6.75 | 6.25 | 2016 - 1 - 28 |
| 俄罗斯 | 11.00 | 11.00 | 2015 - 7 - 31 |
| 巴西 | 14.25 | 14.25 | 2015 - 7 - 29 |

### 2. 民间固定资产投资下滑的严峻性及其根源

2016 年上半年民间固定资产投资增速出现急剧下滑，1—5 月累计同比仅增长 3.9%，比 2015 年全年增速大幅下降 6.2 个百分点，比 2016 年一季度回落 1.8 个百分点。民间固定资产投资占全社会固定资产投资的比重也从 2015 年的 64.2% 下滑到 2016 年 1—5 月份的 62.0%，逆转了多年持续上升的趋势。

作为投资主力，民间投资增速急剧下滑问题的严峻性，主要体现在三个方面：第一，它反映了 2016 年上半年固定资产投资增速企稳回升的脆弱性，即当前投资企稳主要是靠政策拉动，且没有对民间投资产生相应的"乘数效应"；第二，作为投资的主力，民间投资增速的持续下滑将成为下半年全社会投资增长的最大拖累；第三，短期内依赖国有及国有控股单位充当投资主力，可能会延误国企改革的进程，并留下投资收益率低下的后遗症。数据显示，2016 年 1—4 月份，国有及国有控股单位的固定资产投资增速从 2015 年的 10.6% 大幅飙升至 23.7%，提高了 13.1 个百分点，而私营企业的投资增速则继续下滑，1—3 月份为 11.9%，比 2015 年全年回落 2.7 个百分点。

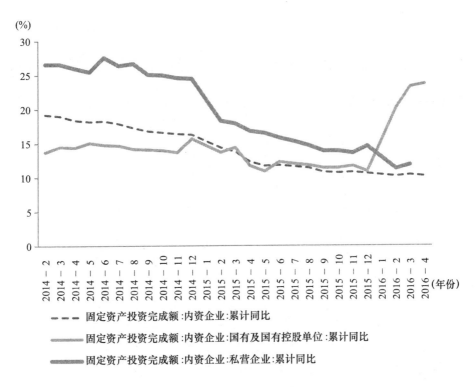

图4—8  一季度固定资产投资企稳主要由国企投资急剧上升拉动

民间投资增速下滑主要有四种可能的原因：

第一，投资回报率下降，特别是在产能过剩行业，导致民间投资意愿下降。规模以上工业企业资产利润率从2010年的7.6%持续下降到2015年的5.8%。这种下降的核心原因来源于两个方面：（1）各类成本的挤压，其中劳动力成本、税收成本以及财务成本是核心，并且这些成本并没有在目前供给侧结构性改革进程中得到降低；（2）生产效率的下降，特别是劳动力生产率的持续下降和资源配置效率的持续下降。2016 年 1—4 月，国有企业在营业总成本同比下降 1.5% 的同时，销售费用、管理费用和财务费用同比分别增长 5.9%、4.7% 和 0.1%。

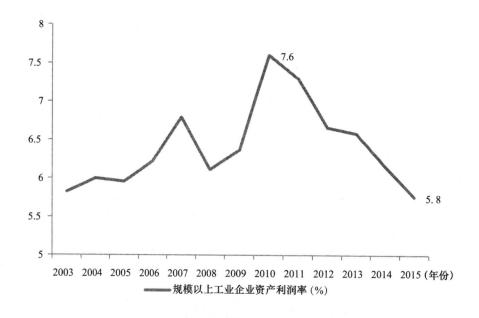

图 4—9　工业企业资产回报率持续下滑

第二，市场准入限制，导致民间资本无法进入目前有较高回报率的行业。首先，从投资的行业分布看，当前民间投资与全社会固定资产投资增速出现分化主要是在第三产业，而不是第二产业。在第二产业，1—4 月份民间固定资产投资和全社会固定资产投资增速均出现小幅回落至6.1%和7.3%，且两者差距较小。然而，在第三产业，1—4月份民间固定资产投资增速从2015年全年的9.4%大幅下滑至3.4%，增速回落了6个百分点，而全社会固定资产投资增速则逆势从2015年全年的10.6%上升至12.4%，增速提升了1.8个百分点，两者差距巨大。这说明，2016年民间固定资产投资的大幅回落主要是由第三产业投资下滑造成的，与全社会固定资产投资的分化也主要体现在第三产业。

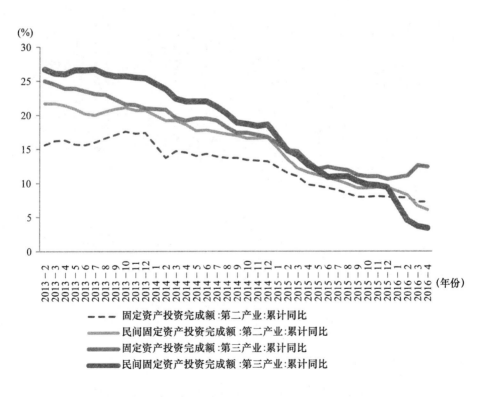

图4—10    民间固定资产投资下滑主要集中在第三产业

究其根源，就在于第三产业（包括交通运输、健康医疗、教育养老等领域）对民间投资存在严格的准入限制，而随着近年来工业领域的持续紧缩和产能过剩，投资空间有限，而第三产业的投资回报率相对升高，民间投资却无法进入。事实上，改革开放以来，我国在一般制造业的行业准入已经逐步放开，然而在第三产业，包

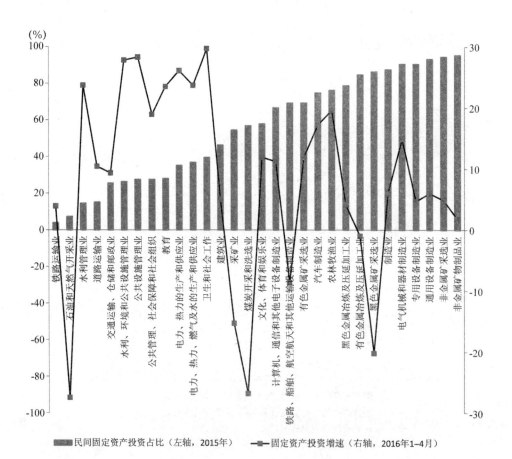

图4—11　投资增速较高的第三产业各行业中民间投资占比较低

括交通运输、健康医疗、教育养老等领域仍然存在较为严格的进入管制，民间资金无法进入。近年来，随着工业领域的产能过剩和通货紧缩，第三产业的投资回报率相对升高，具有较大的投资潜力。2016 年投资率较高的行业主要集中在第三产业，而这些行业民间投资的占比都比较低，大多低于 40%；投资率较低的行业主要集中在第二产业，而这些行业民间投资的占比都比较高，多数达到 80%，比如制造业总体已接近 90%，一些细分行业占比甚至更高。

其次，2016 年港澳台资和外资企业固定资产投资增速大幅回升，反映了预期的投资回报率实际上已经出现了明显的回升。2016 年 1—4 月，港澳台资企业的固定资产投资增速从 2015 年全年的零增长大幅上升至 22.7%，增速提升了 22.7 个百分点；外资企业的固定资产投资也从 2015 年全年负增长 2.8% 转为正增长 12.4%，增速提升了 15.2 个百分点。一般认为，港澳台资和外资企业的投资行为更加市场化和对投资回报率敏感，两类企业投资增速均出现大幅回升，说明对于预期的投资回报率出现了明显的回升。

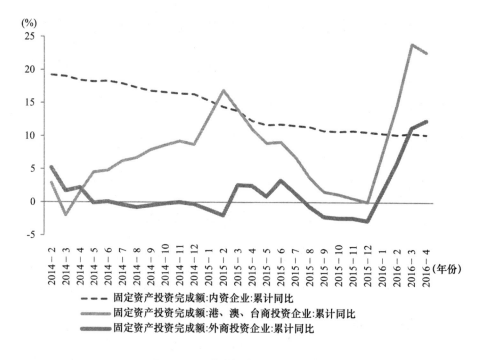

图4—12　外商投资增速大幅上扬

　　第三，资金来源不足，导致企业无法开展有效投资。从投资的资金来源看，在 2016 年固定资产投资资金来源中，自筹资金增速出现了大幅下滑。2016 年 1—4 月，固定资产投资资金来源总计增速为 8.1%，比 2015 年全年增速提升了 0.4 个百分点；然而，自筹资金增速仅为 1.5%，比 2015 年全年增速大幅回落了 8 个百分点。自筹资金占比也结束了此前持续上升的趋势，从 2015 年年底的 70.6% 下滑至 65.3%。自筹资金来源不足，最有可能受到冲击的就是民营企业，也就会出现民间固定资产投资与全社会固定资产投资增速的分化式下滑。

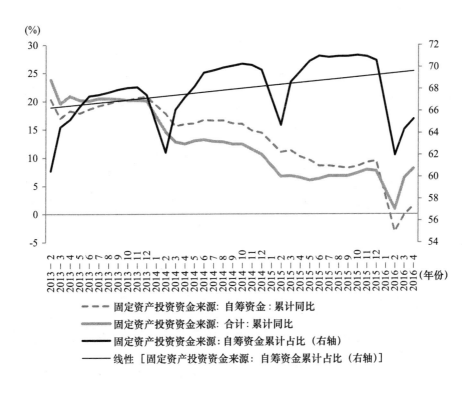

图4—13    固定资产投资自筹资金增速出现下滑

第四，企业家对于未来依然没有信心。2016年二季度工业企业家信心指数跌至2009年以来的最低点，仅为43.7。

综上所述，当前民间投资增速出现大幅下滑，特别是与全社会投资增速出现严重分化的根源在于供给侧：一方面是在工业企业投资回报率持续下滑和产能过剩积

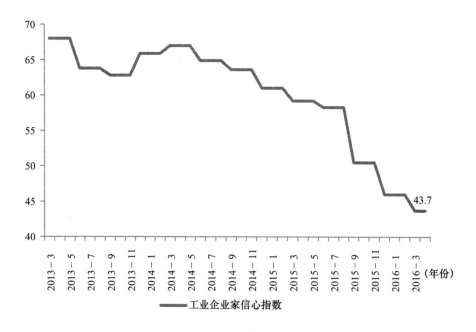

图4—14    工业企业家信心指数持续走低

累到一定程度后，第三产业的市场准入已经到了需要
"大破大立"的阶段，迫切需要通过供给侧的改革释放
具有较高潜在回报的投资空间；另一方面是信贷资金通
道不畅，使得民间投资严重依赖自筹资金，而当企业利
润持续下滑到一定程度导致自筹资金来源不足时，便无
力开展有效投资。因此，在加强监管的条件下，尽快放
松市场准入和改善融资环境，从而有效促进民间投资，
是供给侧结构性改革的重要突破口。随着第三产业投资
回报率的相对升高，合理放松对民营资本的市场准入，
不仅可以激发民间投资活力，同时也能够通过加强市场

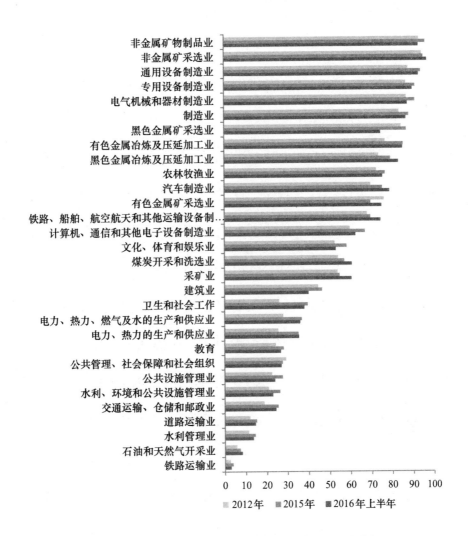

图4—15　民间投资的行业分布存在显著差异和巨大空间

竞争为社会提供更优质的产品服务，实现稳增长和调结构的双重目标。

　　针对民间固定资产投资增速急剧下滑的问题，决策层已经充分认识到问题的严重性。5月4日，李克强总理主持召开国务院常务会议，决定对促进民间投资政策落实情况开展专项督查，着力扩大民间投资。5月中旬，国务院已派出9个督察组奔赴全国18个省市区开展实地督察，重点围绕国务院2014年出台的关于创新重点领域投融资机制鼓励社会投资的相关文件落实情况，同时开展第三方评估。国务院派出督查组开展专项调查，既说明对民间投资增速下滑问题的重视，也相信能够很快地找到民间投资活力下降的具体原因和解决办法。

**3. 各种"衰退式泡沫"集聚，部分风险仍然在持续上扬**

目前中国经济中风险累计的根源并没有完全消除，尤其是债券市场风险。2016年债券市场违约事件增多，涉及的领域逐渐扩大。二、三季度可能会重现债市、股市、汇市、楼市这种多市场流动性的一次动荡。此次动荡国内的触发机制可能就是密集性的债券违约事件，而国际上的触发机制是美联储加息，尤其是美联储加息是一个重要的时点，此次加息中国的承受能力，直接影响经济是否真正触底反弹。

事实上，随着我国经济进入风险的集中释放期，资金"脱实就虚"的流动，不时表现为各种类型的"衰退性泡沫"危机接连发生。金融风险开始在击鼓传花中不断扩大，局部风险已经开始显露中国经济全局性的脆弱性。这集中体现在"民间融资困局"→"同业拆借利率飙升"→"超日债、天威债等债券违约"→"大股灾"→"汇率恐慌"的传递。这说明了中国风险在传递中不断累积，不断放大，不断成为宏观经济异变的触发点。在 2016 年中国经济探底过程中，新的风险点的防范、释放及其治理效果，决定了中国经济企稳回升的成败。

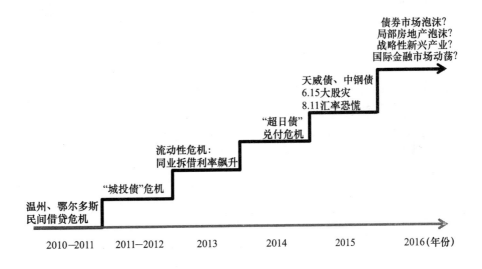

图 4—16　各种类型的"衰退性泡沫"危机接连发生

（1）债券市场违约风险加大

2015 年股市泡沫破灭后，资金大量流入债市，新的泡沫开始在债市酝酿，公司债的发行更是出现"井喷式增长"，且发行利率屡创新低。2016 年 1—4 月，债券发行个数同比增长 78.3%，债券发行额同比增长 120%，创近年来的历史纪录。企业债券增幅达到 1.6 万亿元，占社会融资总量增幅的比重上升到 21.3%，仅次于人民币贷款。

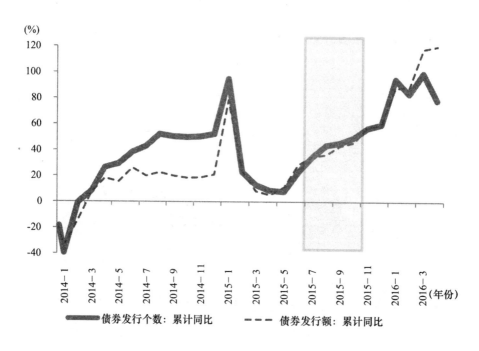

图4—17　债券发行呈"井喷式增长"

企业债发行已经成为社会融资总额中除人民币贷款外的第二大融资来源的增长源。从企业融资需求的角度讲，由于 IPO 暂停和 P2P 平台成交额相对萎缩，企业通过发债融资的需求不断增加。作为资金进入实体经济的重要渠道之一，债券市场的近期表现对于改善实体经济运行状况有一定的积极作用。

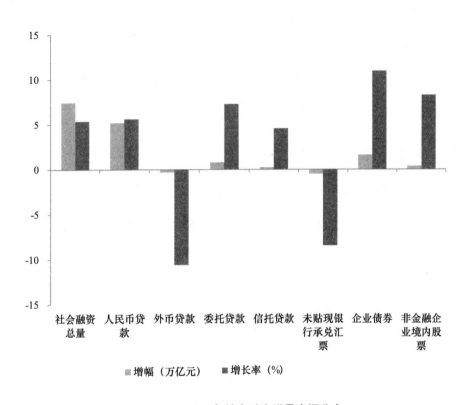

■增幅（万亿元）　■增长率（%）

图4—18　2016年社会融资增量来源分布

　　然而，目前市场存在的主要风险表现为杠杆率偏高、信用债违约风险上升，而市场对风险的认识不足。彭博社近期发表文章称，在中国被评为顶级评级的信用债，却和其他国家的高风险垃圾债具有相似的特征。大约有57%的中国 AAA 评级债券发行人可能存在违约风险。导致这一结论的主要原因是彭博和国内评级机构的风险模型差异，彭博违约风险模型基于莫顿违约间距分析，模型追踪指标主要是股价表现、现金流等定量数据，对于国有企业和城投公司而言，模型并未考虑国家所提供的外部支持因素。而国内评级公司则采取定量和定性分析相结合的方法，对政府支持等因素赋予一定的比重。不过，随着当前刚兑的打破，国有企业违约案例不断增加，国内评级机构或许也将存在着对评级模型调整的需要，如果发生，可能将意味着在 6、7 月份评级调整的高峰期，更多的信用债将遭遇评级下调，一些信用债失去质

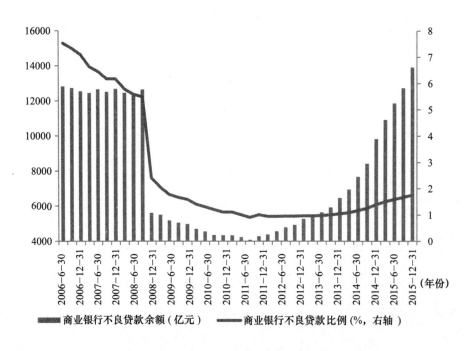

图 4—19　商业银行不良贷款规模快速增长

押资质，市场被动去杠杆，从而对整体中低评级的信用债估值形成压制。

更为严重的是，债券市场违约叠加信贷市场违约，将对银行系统稳定产生重大打击。目前我国债券市场90%的交易量在银行间市场。而近年来随着经济的持续下行和企业盈利水平的不断下降，商业银行不良贷款的比率也在不断上升，不良贷款余额出现大幅飙升。

（2）国际金融市场动荡

近期大宗商品价格的剧烈波动以及各国央行货币政策的不协调，给2016年脆弱的宏观经济和金融市场带来了巨大的不确定性和风险，提高了资金的风险贴水利率，并加剧了国际资本流动和汇率风险。随着美联储启动加息进程，而欧洲央行和日本央行还在进一步下调利率至负值区间，全球主要国家央行的货币政策的分歧进一步加大，这将加剧汇率波动风险，引起新兴市场经济体的金融市场动荡。短期内，美联储加息就是一个很重要的时点，金融市场能否承受住此次冲击面临考验。

从未来世界经济与国际资本市场的走向来看，不仅全球外部需求将进一步低迷，而且以新兴经济体为主的金融大动荡和经济下滑可能进一步直接挤压中国经济复苏的空间，并成为中国宏观风险的下一个暴露点。特别是人民币汇率波动以及中国资本的外逃是可能继股灾之后诱发中国风险的关键点。

2015 年受美联储加息预期等因素影响，导致资金大量外流，给我国外汇市场和金融市场造成了巨大的冲击，尤其是 8 月份汇率改革加剧了资本外流的趋势，8 月份和 9 月份外汇占款分别减少 7238 亿元和 7613 亿元人民币，截至 9 月末，外汇占款余额已经下降到 27.4 万亿人民币，比 2014 年年底减少了 2 万亿人民币。资本大量外流造成我国外汇市场和金融市场出现剧烈波动，还给我国企业信贷造成了不利影响。2015 年新增外币贷款为 -6427 亿元，比 2014 年的 3554 亿元减少 9981 亿元；这一趋势在 2016 年进一步延续，1—5 月新增外币贷款为 -3520 亿元，给企业信贷融资增加了额外的压力。

因此，如果 2016 年国际金融市场动荡，导致资本大进大出，将给中国经济金融系统稳定带来重大风险，并进一步直接挤压中国经济复苏的空间，成为中国宏观风险的下一个暴露点。

总之，国内债券市场违约风险和国际金融市场动荡是 2016 年下半年需要密切关注的两大金融风险。当然，在金融风险领域，非常值得关注的还有 2015 年下半年到 2016 年二季度所发生的国有企业大举进入房地产市场、海外并购市场和金融投资市场现象，集中反映了在目前宽松的政策刺激下和偏向性的资金投放作用下，经济的虚拟化和泡沫化正在进一步强化。

### 4. 房地产市场复苏和投资企稳回升的可持续性

2016 年的房地产市场，可以用两个关键词来概况，那就是房地产"去库存"和房价"大幅上涨"。两个关键词之间的矛盾显而易见，也成为对房地产市场复苏可持续性的最大担忧。

房地产去库存是 2016 年供给侧结构性改革的五大任务之一，然而，去库存的战役还没有打响，一二线城市房价却已经开始出现暴涨。然而，我们认为，总体来看，房地产市场自 2015 年以来近一年的市场调整是健康可持续的，主要依据是本轮房地产市场复苏的顺序符合市场调整的逻辑。

第一，本轮房地产市场调整完成了由一线城市带动二线城市和三线城市房价全面复苏的过程，而没有出现最令人担心的局面，即由于市场分化加剧引发虹吸效应而导致市场复苏的夭折。首先是从 2015 年 6 月开始，一线城市房价止跌回升，随后在一线城市带动下，二线城市从2016年开始止跌回升，最后是三线城市止跌回升。2016年4月，一线城市房价同比上涨33.9%，二线城市房价同比上涨7.3%，三线城市房价同比增长0.3%。从环比指标看，一线城市房价已经连续14个月环比上涨，4月份环比上涨2.8%；二线城市已经连续12个月环比上涨，4月份环比上涨1.8%；三线城市已经连续3个月环比上涨，4月份环比上涨0.6%。房地产市场恢复全面上涨的趋势。

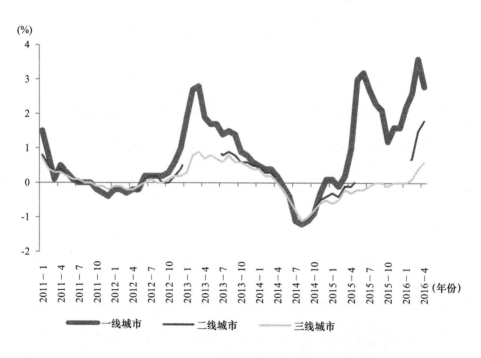

图4—20　房价上涨符合市场分化中全面复苏的逻辑

第二，本轮房地产市场复苏完成了由销售回暖→投资企稳回升→新开工增长→土地购置企稳的过程，降低了昙花一现的风险。

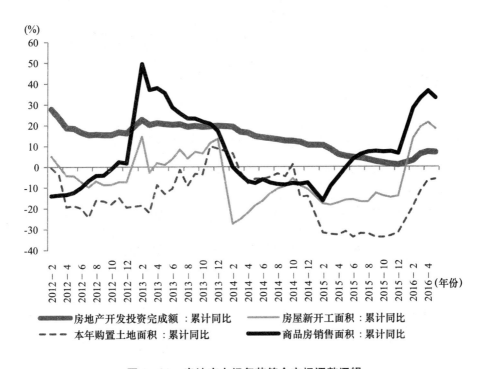

图4—21　房地产市场复苏符合市场调整逻辑

第三，本轮房地产市场复苏总体上在去库存的过程中发生。目前为止，本轮复苏过程中，房地产销售面积增速始终高于房地产竣工面积增速和新开工面积增速，也高于在建面积增速。因此，房地产市场复苏总体上是在"去库存"的过程中发生的。

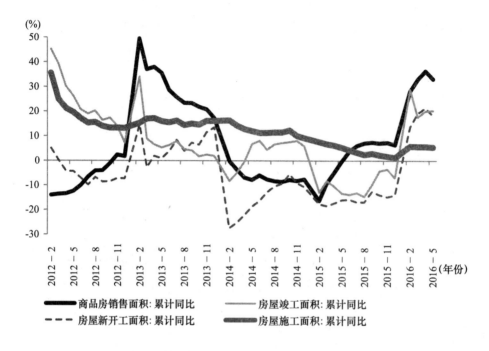

图4—22　房地产市场复苏符合去库存的要求

　　数据显示，房地产待售面积增速持续下滑，房地产去化周期也在趋势性下降，进一步说明房地产去库存取得一定的实效。

　　第四，房地产投资资金来源有了相应的恢复。房地产投资资金的几个主要来源都出现较为稳健的反弹，资金充足是保障房地产市场复苏可持续的基本保障。

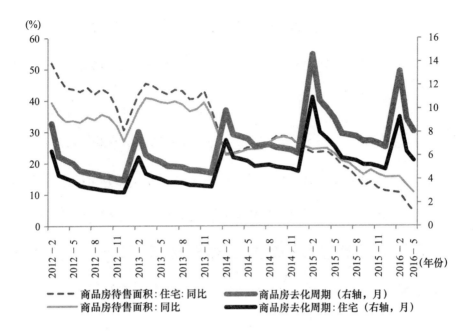

图4—23　房地产去库存取得一定的成效

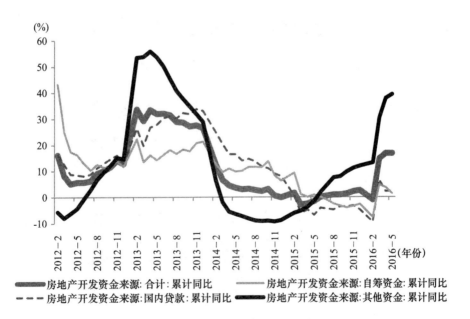

图4—24　房地产投资资金来源企稳回升

## 5. 经济调控的动力结构正在发生改变

目前，我国政府的动力结构已经发生改变，地方政府的积极性提高，正在如火如荼地开展各项经济活动，地区财政支出也大幅度增加。从政治经济周期角度看，过去制约经济发展的关键因素是我国处于一种政治周期的拐点，即在反腐倡廉的吏治整顿过程中，出现传统的三大精英阶层懈怠，导致积极财政政策不积极，稳健的货币政策不稳健，预调、微调达不到效果的现象。而目

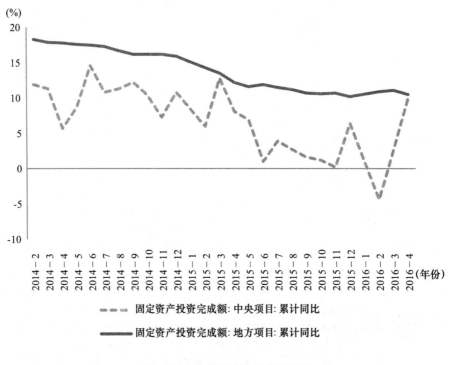

图 4—25　政府项目投资企稳回升

前地方政府的行为模式已经开始发生转变，参与经济深化改革和转型的积极性提高。其中最为突出的标志就是地方政府响应中央政府的号召开始大规模进行项目投资，今年1—4月地方项目累计投资增速达到10%，比去年全年提升了3.6个百分点。

更为重要的是，财政政策、货币政策的传导机制开始回归。去年我国宏观调控政策定位积极的财政政策，并且要求更加积极，但是去年的现象是财政存款居高不下，有钱花不出去。但今年开始有所变化，固定资产投资中预算内的资金上涨很快，这说明我国积极财政政策开始有了抓手、方向和传导的机制。

去年我国虽然实施稳健的货币政策，但是实际上稳健的货币政策不稳健，特别是前三季度，融资条件和金融条件有所收紧，主要表现在信贷的乘数效应大幅度紧缩，资金流动效应大幅度紧缩，缺乏良好的途径促使资金向实体经济渗透。而今年从数据的变化就可以发现，一季度，我国固定资产投资的资金来源中国内贷款同比增长13.9%，提高12.1个百分点。这与去年M2增长13%左右，固定资产信贷资金来源只增长6%左右的情况相比，流动资金的到位情况有所好转。今年我国货币政策的思路有所调整，改变了过去的简单的大水漫灌，简单地进行投放的举措，而是通过项目挖沟、财政开渠的方式进行投放。

总的来看，当前我国市场预期的逆转，各项宏观经济指标的改善，根本原因在于中国政治经济周期底部已经出现，审慎乐观来自对整个政治经济格局的乐观。在中央政府的积极带动下，地方政府的积极性在不断提高，再传递到国有企业，然后再逐步传递到房地产等领域，然后再逐步传递到民间资本，整个社会参与经济发展积极性得到带动，市场预期逐渐得到改善，这都预示着我国经济已经到了触底反弹的阶段。

### 6. 去产能对就业市场的压力可控

作为 2016 年供给侧结构性改革的五大任务之一，"去产能"的全面展开将给我国劳动力市场带来一定的不利影响。从对去产能进程中的宏观背景、产能过剩行业分布状况与劳动密集程度、所有制结构、控制失业风险的政策选择等方面，对本轮与 20 世纪 90 年代两次萧条周期进行比较分析后发现，本轮去产能所造成的就业压力不会太大。一方面，根据对产能过剩行业在经济总量中所占比重、两轮去产能释放就业总规模的测算，以及各主要行业减少就业量的比较可知，当前我国产能出清的失业压力远小于上一轮去产能；另一方面，与20世纪90年代相比，国民经济发展的质量与数量更高，财政收入与居民消费水平有了质的飞跃，施政的能力与空间更为广阔，干预失业风险的政策选择也更加积极、主动和多样。

第一，本轮过剩产能行业的产业覆盖面大幅减少，从过去遍及轻、重工业部门中的全行业，转变为集中于重化工业。同时随着服务业的崛起，工业增加值占GDP比重有所降低，以钢铁、煤炭等为代表的产能过剩最为严重的八大行业，在GDP中占比约为1/10（10.35%），不会对国民经济运行产生太大的影响。

第二，鉴于国企占比有所降低，去产能又从兼顾各类所有制到本轮集中于国有企业，本轮去产能面临的潜在失业压力将更小。同时，经济发展拉动了科技水平的提高，产能过剩行业的劳动密集度大幅降低，这意味着即使是压缩同样程度的产能，本次释放出的劳动量也要少于上轮去产能。

第三，利用就业弹性与去化率相结合的方法，基于国家去产能的配套政策，本书估算"钢铁、煤炭、有色金属、石油、石化、玻璃、水泥和铁矿石"这八个行业在去产能的过程中，可能释放出的总劳动量将处于284万—459万之间，约为2015年全国总体就业人数的0.37%—0.59%。然而，回顾20世纪90年代的国企改革，1997—2002年期间，工业部门总体失业人数达2486万，以纺织、制糖、煤炭、冶金、建材、石化与钢铁为主的七大行业共释放了1107万的就业量，约占1997年总就业量的43.33%。

第四，通过对去产能控制失业风险的政策选择比较，我们发现，在实践中，上轮去产能更倾向于消极的失业救济；而本轮去产能在注重失业保障的基础上，则更侧重于利用主动、积极的控制政策来规避失业风险。比如，通过扶持新兴产业，鼓励创业、创新，提高劳动生产率等方式来拓展新的就业机会。

### 7. 从价格周期六阶段理论看中国宏观经济形势

最后，重新回到价格这个作为市场经济最重要的信号上面，来分析中国经济形势和判断未来走势。前面已经分析，当前价格指数出现全面回升，CPI重回"2时代"，PPI跌幅缩小，GDP平减指数由负转正，反映经济升温信号。然而，几个冲突现象需要深入剖析：GDP 还在下行，CPI 却反弹；去库存还没展开，房价却暴涨；去产能还没展开，结果钢铁等大宗商品钢价却开始大涨。因此，需要思考这里面是否有一定的趋势性的变化和一些前瞻性的信号。为此，我们提出价格周期调整的"六阶段"理论。通过对比价格调整的六个阶段，可以发现，当前价格信号的回升调整，说明经济触底的迹象已经开始显现，预期的回转步入到一个结点期。

所谓价格调整周期的六个阶段，第一个阶段是危机冲击阶段，会出现价格下滑。第二个阶段是"现金为王"，过度地去库存，从而产生价格超调。值得注意的是，在本轮周期里面，出现了各种各样的超调，包括投资超调、贸易超调、汇率超调，然后价格超调、大宗商品超调。由于商品价格严重超调，导致大量的原材料、制成品的价格超调之后低于它的可变成本价，使得企业绝对亏损经营。第三个阶段就是亏损带来供应者的挤出和供给的减少，这个供给减少也可能是去产能导致的，最后价格出现回调。然后进入第四个阶段，在预期稳定的前提下，危机进行差不多，进行救助调整，同时救助政策也刺激了需求，这样就导致价格进入第四个阶段，回调到可变成本时期，即能够覆盖可变成本，虽然不盈利，还亏损一些，但是能够运转，是在既定需求低水平的平衡。第五个阶段是再进一步地调整，价格调整到可以弥补总成本的时候，企业实现正常库存和正常运行，这个时候就是盈利大反转的时间，价格基本上能弥补总成本。最后，进入第六个阶段就是微利时代，这就是全面复苏时代。

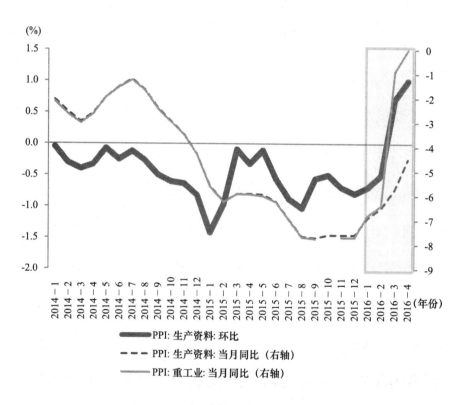

图4—26    生产资料价格出现明显改善

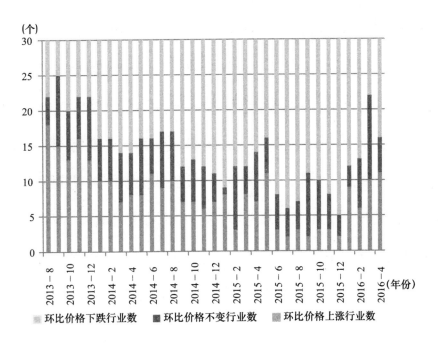

图4—27　越来越多的行业实现环比价格上涨

因此，根据价格周期调整的六阶段理论，中国经济目前正在第三个阶段向第四个阶段的转变期，也就是说，处于巨额亏损带来供应者被挤出→供给减少→库存减少→价格回调的阶段。生产资料价格的环比指标已经开始出现大幅回升，增速由负转正，同比指标跌幅也显著缩小。同时，可以看到，环比价格上涨的行业数越来越多，环比价格下跌的行业数越来越少；发生通缩的行业数，特别是严重通缩的行业数在快速的下降。

在上述过程中，有一个稳定的预期很重要，预期稳定才能导致企业回补正常的库存，才使价格回补到可变成本时期，企业可以勉强维持生存。因此，在这个阶段，首先需要巩固预期。然而由于泡沫化问题和资金分布问题，未来有可能会导致这种预期的回调以及价格回调很难向深层次迈进，还需要很多的努力。这就需要高度关注各种类型的泡沫，因为对于预期最大的打击就是泡沫能否治理好。比如，房地产泡沫如果弄不好，导致预期的巨幅振荡，就会导致新一轮的去库存。其次，需要适度加强刺激。在这个时候，巩固目前的回暖迹象非常关

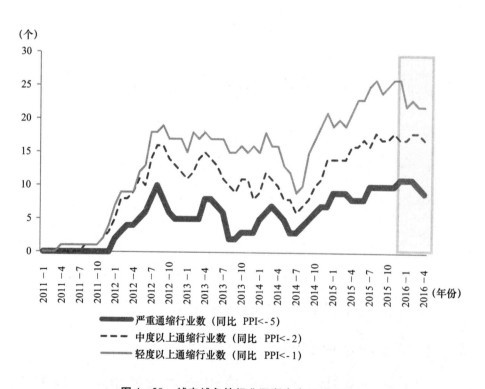

图4—28  越来越多的行业逐渐走出严重通缩

键，要使价格回调到可变成本之上，部分地弥补成本，使现金流有一些微利。

综上可见，未来市场的启动还需要时间。从目前的经济形势看，短期内中国经济的底部依然取决于金融市场是否能够承受美联储加息的冲击，这是很重要的时点。而从中期的角度看，中国经济的底部还远远未现，因为目前大量的改革、实质性的改革依然处于布局阶段，今年政府工作报告中就提出供给侧结构性改革的六大举措，经济工作的重点开始从五大歼灭战转变成六大举措，而六大举措中存量调整有三个方面，增量调整也有三个方面。所以，当前中国改革强调的是先增量后存量，以稳为主。

# 五　主要结论和政策建议

通过上述分析，我们可以得到以下几个结论：

1. GDP 平减指数的转正、外商投资增速的上扬以及新兴产业持续快速的增长，说明中国经济触底的迹象开始显现。

2. 近期部分宏观经济数据出现的短期企稳在本质上是 2015 年年底到 2016 年一季度极度宽松的政策调控的产物，难以从根本上改变中国宏观经济持续触底的本质。

3. 随着劳动生产率的持续下降、投资预期收益的快速回落以及未来预期风险的强化，传统经济增长的动力源正在加速弱化，市场性投资和消费下滑的压力正在强化。

4. 国有企业大规模进军房地产市场、海外并购市场以及各种金融投资领域说明中国"衰退式泡沫"正在加剧，风险将进一步上扬。

5. 12 大变异现象不仅说明了供给侧结构性改革的着力点还没有完全找到，同时也说明目前再平衡政策和稳增长政策存在很多问题，中国宏观经济面临的各种深层次问题和各类扭曲并没有得到很好的缓解，反而存在恶化的迹象。中国宏观经济的扭曲决定了结构性改革的紧迫性。

6. 2016 年下半年，中国宏观经济难以持续上半年企稳的态势。外部经济波动的重现、内部扭曲的强化、金融风险的不断累计与间断性释放、结构性改革的全面实施等方面的因素决定了中国宏观经济下行压力的进一步抬头。而与此同时，政策刺激效率的递减和房地产泡沫的管控，决定了经济政策的对冲效应将大幅度下降。因此，本轮"不对称 W 型调整"的第二个底部将于 2016 年年底至 2017 年年初出现，并呈现出强劲的底部波动特征。

鉴于上述结论，我们认为 2016 年下半年各类政策应当做出以下调整和再定位：

（一）要把握目前中国经济持续回落的逻辑，高度重视当前总体经济增长动力持续下滑的现实，要密切关注目前劳动生产率下滑、企业投资预期收益下滑、实体经济与虚拟经济收益的缺口不断扩大、消费与投资等内需持续同步回落等现象，把改革与调控的落脚点切实放到投资收益预期逆转、劳动力生产率回升之上，积极构建短期扩大需求与中期提升潜在增速相契合的政策包。

1. 要利用目前比较宽裕的财政空间来化解持续的"超国民收入分配现象"带来的"消费—投资困局"。要切实改变"政府出政策，财政不跟进、企业来买单"的现状，政府应当有效转变投资型政府的定位，一是将部分政府投资用于企业员工的社保建设上来，二是要通过减税来缓解企业当前的成本压力（因为通过供给侧结构性改革所带来的制度交易成本降低是极其缓慢的）。目前既不是"节制资本"，更不是"防止民粹"的时候，"扶持资本"和"扶持劳工"在中长期依靠持续的增长和合理的社会政策，而在短期却只能依靠强大的政府进行财政的支持。

2. 要充分认识到金融资源过剩所带来的"金融资源诅咒"，要采取系列政策缩小实体经济收益与虚拟经济收益的缺口。税收政策是改变两大领域收益对比的最佳政策工具，适度提升金融投资所得税、同时降低实体经济投资税负，可以起到较好的资源引导作用。在生产领域的"债务—通缩效应"依然没有化解的时段中，货币政策既不能过度宽松，也不能过于稳健。货币政策如何配合财政政策和实体产业投资政策依然是资金良性化运转的关键点。

3. 对于短板行业、基础设施、技术改造、研究开发以及人力资本等领域的投资应当全面提升，这不仅关系到短期总需求提升的问题，更为重要的是它涉及中期潜在产出水平提升的问题。要防止先验、主观地判定中国未来的潜在 GDP 增速，必须清楚当前对于基础设施、短板产业、技术改造、研发投入以及人力资本的投资将大大影响未来的潜在增速，人口等基础变量只是影响潜在增速的因素之一。目前宏观经济学前沿也基本证明了"持续的短期需求不足必将导致未来潜在供给的下降"，"经济萧条期更需要科学的积极主义"。

4. 实施多种举措，积极化解"民间投资急剧下滑"的困局。第一，实质性的国有企业改革和政府改革依然是提振民营企业家信心的核心；第二，投资领域特别是第三产业投资领域的开放依然是关键；第三，改变金融资源过度的偏向性投放，在目前国有企业软约束问题重新高涨的时点依然具有十分重要的作用；第四，降成本的很多举措难以解决民间投资的燃眉之急，同时也不是民间投资下降的核心原因。

5. 要从国际竞争的角度来认识提升劳动生产率的战

略意义。目前全球劳动生产率都处于持续回落的状态，谁能逆转这种趋势，谁就能够占领下一轮国际竞争的先机。

（二）12大扭曲现象证实了供给侧结构性改革全面实施的迫切性，一方面我们必须抓住当前经济不断探底所带来的"大破大立"的大改革时机；另一方面我们必须梳理目前供给侧结构性改革进展不顺的关键，重新寻找到供给侧结构性改革的着力点和实施的抓手。

1. "僵尸企业"的出现、高债务和高产能部门的显化、地方政府财政的恶化以及局部区域经济的塌陷，已经为大改革提供了前所未有的突破口。

2. 按照本报告的预测，2016年年底中国经济不对称W型的第二个底部将显现，2017年年底会出现复苏的迹象，这决定了今年到明年是全面实施供给侧结构性改革的最佳时机。

3. 前期以反腐倡廉为核心的政治生态的净化为大改革创造了良好的政治基础，但这并非供给侧结构性改革成功实施的充要条件，目前行政权力的分散和实施环节的脱节导致大改革很可能陷入"表象化改革""文件化改革""碎片式改革"和"行政运动化改革"的困境，通过行政权力的重构来强化改革的执行力和统筹性是成功推行大改革的另一必要条件。

4. 供给侧结构性改革也需要有实施的先后顺序，僵尸企业的整顿和过剩产能的淘汰必须与制度性改革相结合；税收成本的减免在短期内要比制度性交易成本的降低更为重要，但中期要落脚到体制的改革；在短期"补短板"推行力度可以进一步强化，但中期来看，"三去"等存量调整依然是关键和落脚点；在近期下行压力持续抬头、风险持续上扬的环境下，优先出台"扩需求"与"促改革"相契合的举措；实质性改革的重新规划并落在实处是提振目前低迷信心的关键，特别是国有企业改革新规划和政府行政改革规划的出台是树立民间投资信心的关键，各类社会安全体系建设规划出台是提升消费信心的关键。

（三）我们需要进一步强化从世界经济运行的角度来深入认识需求管理政策与供给侧结构性改革的作用，明确供给侧改革在增量调整和存量调整中的主导作用。

1. 世界经济在技术进步、潜在增速、投资增速、贸易增速以及劳动力生产率等众多变量上的持续下滑说明了世界经济已经陷入"长期停滞"或"新平庸"状态，世界技术进步大周期、大宗商品超级大周期以及世界经济不平衡周期不仅决定了中国外部环境难以在短期内得到改善，同时也决定了中国很多基础性变量也将伴随世界变量陷入低迷状态。

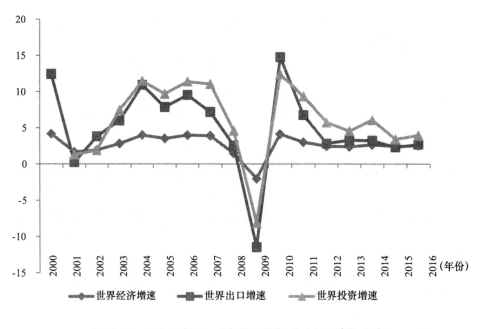

图5—1　世界经济陷入"长期停滞"或"新平庸"状态

2. 中国很多参数与世界具有同步性，但中国经济的要素禀赋以及体制特征也将赋予各种变量变化的中国特色。因此，一方面我们要有应对世界危机和风险传递的中期应对策略，避免过度频繁地进行运动化、短期性的刺激政策；另一方面需要政策思路的创新，避免在政策模仿中走偏。

表5—1　　　　　　　　各国劳动生产力增速分时段比较

| 国家 | 2001—2007 年 | 2009—2014 年 |
|------|------------|------------|
| OECD | 1.49 | 0.96 |
| 南非 | 2.68 | 1.12 |
| 巴西 | 0.87 | 1.49 |
| 哥伦比亚 | 1.23 | 1.87 |
| 俄罗斯 | 5.62 | 2.20 |
| 印度尼西亚 | 3.64 | 3.97 |
| 印度 | 5.30 | 6.30 |
| 中国 | 10.59 | 8.15 |

3. 世界经济不平衡的逆转和基本参数的变化决定了"取长补短"式的供给侧增量调整与存量调整是本轮危机治理中的基本政策定位，需求侧管理具有辅助性，其核心在于防止转型过猛带来的总量性过度下滑和系统性风险的爆发。世界经济不平衡发展的终结和贸易不平衡的逆转决定了中国经济大转型的核心是在贸易品大幅度存量收缩的基础上全面提升非贸易品的供给，这种转型的原始驱动力量一方面表现为非贸易品需求的提升和贸易品需求的下滑，贸易品与非贸易品相对价格的持续调整；另一方面也表现为建立在不平衡基础上的各类泡沫

与扭曲的全面暴露，并出现此起彼伏的风险。因此，"取长补短"的供给侧存量调整和增量调整是世界结构性改革的核心，而需求政策的核心在于防止外生性调整过猛带来内生性崩溃，在于防止不平衡逆转中风险过度释放引发系统性风险，具有一定的辅助性。供给侧结构调整政策在存量调整上表现为贸易品行业必须进行深度的去库存和去产能，在增量调整方面体现为供给短缺的非贸易品部门进行大幅度的增加投资和供给，表现为各类服务供给的提升和战略性新兴产业的培育。在这个调整中，特别是在存量退出的进程中将产生大量的外溢效应，引发总量性的需求不足和结构性的萧条。这些现象的出现就需要全面启动需求侧管理。

4. 世界各国不仅在进行危机救助，同时也在进行结构性改革，结构性改革已经成为下一轮全球竞争的核心，这决定了当前中国结构性改革必须要有世界竞争意识，必须抓住全球大调整与大改革的契机。根据世界银行和IMF的研究表明，世界各国都在全球大停滞的冲击下出台了结构性改革方案。例如世界银行的《2016年营商环境报告》发现，231项结构性改革提升了全世界122个国家的商业活力。IMF报告指出世界各国如果采取"财政宽松＋结构性改革"方案组合，将使未来两年相对不作为的大停滞状态要提升 GDP 增速接近 1.4 个百分点，并在 2019 年走出低迷状态。

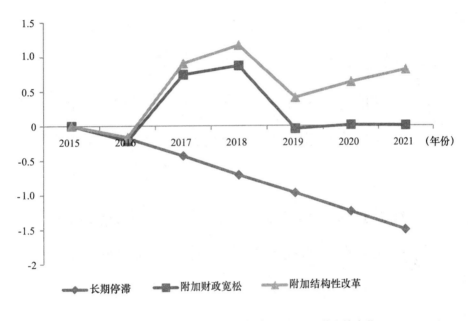

图5—2　新兴经济体采取不同策略下 GDP 增速的变化

（四）要在增量改革的基础上，通过供给侧结构性改革全面强化存量调整的力度，盘活存量、清除宏观经济运行的各种毒瘤是中国经济转型和复苏的关键。利用供给侧结构性改革和需求管理政策阻断内生性下滑的各种强化机制，防止微观主体行为出现整体性变异，在强化监管的基础上，关注可能出现的各种"衰退式泡沫"。

1. 高度重视生产领域的通货紧缩与高债务叠加产生的内生性紧缩效应。一方面要采取积极财政政策和适度宽松的货币政策对冲价格过度回落带来的冲击；另一方面还必须通过债务重组、债务置换、融资结构转换、降低利息、减税和各类行政管理成本等措施，多途径解决企业高债务的问题。

2. 通过清除僵尸企业、重组高债务企业、加速产能过剩行业的产能退出，厘清经济运行的微观机制，恢复市场自我出清的功能，并创造适度的盈利空间。

3. 债务置换、资产证券化、利用股市实施的宏观债转股以及利率水平的较大幅度下调应当同时并举。

4. 高度重视中国宏观经济与金融背离的问题。一方面要从战略上认识到利用股市和债市繁荣来启动经济和推动资本市场改革的必要性，但另一方面还必须认识到市场泡沫对中国宏观经济带来的风险。一是宏观审慎政策必须在几大时点上重点监测资产价格的变化，例如美国加息日、房地产投资反弹点和注册制的实施等；二是要利用改革和上市公司的改造来缓释目前的泡沫，使"资金牛"和"政策牛"向真正的"改革牛"转变；三是要协调好企业减持、增发、IPO之间的关系。

5. 进一步通过差别化政策推进新兴产业的发展，进一步从体制机制上促进创业、创新活动，但应当吸取以往我们在新兴产业、创新活动中失败的教训，不能把中国战略转化为各级部门短期的行政运动，更不能通过国家补贴等模式形成新的寻租活动。第一，要尊重创新创业的规律，不能运动式地进行政府扶持；第二，要利用资本市场的力量来甄别创新中的风险，避免一次性的行政性补贴；第三，要建立各种创业创新的社会安全网，为创新创业的失败者打造软着陆的缓冲垫，以避免运动式创新创业之后可能出现的倒闭潮对经济社会的过度冲击。

（五）要从战略层面认识到调动各级精英阶层的积极性是当前以及未来经济成功转型升级的核心。要认识到过度下滑甚至出现持续的萧条已经成为中国最大的政治社会风险，因此在反腐倡廉取得重大战略性胜利之后，应当在稳增长的基础上，积极构建新一轮大改革、大调整的激励相容的新动力机制。

1. 在纪律检查和法治完善"堵歪门"的基础上，构建新型正向激励体系"开正门"，要构建以新常态阶段所需要的新型政绩考核体系和官员的收入奖励体系，以形成新一轮改革开放的新格局。

2. 树立新型的政企关系和政商关系具有紧迫性。从短期来看，应当采取措施消除企业家的原罪负担，要充分承认企业家收入和私人产权的合法性；要大力清理地方政府和大型国有企业对各级企业的拖欠债务，从而厘清中国经济运行的毛细血管；要全面落实国有企业的改革举措，为各类中小型企业释放适度的空间；建立更加阳光的政商关系，进一步防止政治权力与大型资本之间的勾结。

3. 要全面重树科技人员的创新热情，强化党对知识分子凝聚力，别具一格开辟知识分子参与改革和国家治理的新途径。

2016 年应当借助经济探底的契机，重新审视和评估现有的改革，在大破大立之中寻找到大改革的突破口，并根据该突破口来重新梳理改革方案，寻找改革的可行路径。在现有的顶层设计和发展理念的基础上，我们应当重视以下几大问题：（1）不同区域的过度的差别性与顶层设计的统一规划之间的冲突，因此必须发挥不同区域的基层改革积极性和创新性；（2）不同部门各自为政所带来的改革碎片化与分步改革之间的冲突，因此很多部门的权力需要整合；（3）官僚体系、精英阶层作为被改革者和改革的实施者具有二律悖论的特性，因此改革的统分结合十分重要。

（六）要充分利用中国政府在体制和财政空间的优势，财政政策要更加积极有效，在进一步扩大财政赤字的基础上，强化积极财政政策的定向宽松，全力配合更为主动、更为全面的供给侧结构性改革。

1. 可以进一步提高财政赤字率，考虑2016—2017年大改革的特殊性，公共财政赤字率可以达到3.5%—4%的区间，中央政府要积极利用国债发行规模的提高来增加政府支出能力，以加大改革推行的力度，解决目前国民收入超分配所带来的"投资—消费"两难困境。考虑到地方债市场容量的狭小和制度的不完全，建议提高财政赤字水平的核心渠道是提高中央的财政赤字率，地方债的置换规模应当进一步扩大。

2. 关注局部区域财政收入崩塌的问题，特别是基层财政收入突变带来的各种民生问题，建议扩大财政平准基金的规模，设立过渡期基层财政救助体系。

3. 应当将结构性减税过渡为总量性减税，特别是对于那些供给不足、创新活力很强、升级压力较大的行业进行全面减税。同时，适度弱化财政收入的目标，防止地方政府通过加大税收征收力度和非税收等方式，变相增加企业的负担。通过制度性改革所带来的交易成本削减难以在短期内破解"投资收益下滑—内生动力不足—收入下滑—消费不足—劳资关系恶化—企业绩效恶化"的恶性循环，总量减税与制度性改革降低交易成本的长短结合方案是推行"降成本"的可选组合模式。

4. 快速启动过渡期的财政支出新措施，改变目前财政支出难的问题，要在"堵歪门"的同时，快速出台适应新时代"开正门"的各项措施。

5. 财政支出应当从投资导向向民生导向转变，从补贴导向向福利导向转变，利用积极的财政政策加速低度广泛的大福利体系的构建，利用定向宽松的财政政策加大养老产业、健康产业以及中高端服务业的发展，释放相应的需求。

（七）货币政策应当根据新时期的要求全面重构。

1. 在内需持续回落、外需持续疲软、泡沫与风险上扬之时，货币政策一方面要避免2009—2010年和2015年四季度至2016年二季度过度宽松的定位，同时也要避免从紧的取向，实际贷款利率的下降无论是对"去杠杆"还是"去产能"都是必需的，同时也是稳投资的一个关键。

2. 不宜过度宣扬 M2 与 CPI 之间的简单关系，大转型和大改革期间传统的货币数量关系（货币数量论）以及就业与物价关系（菲利普斯曲线）发生了革命性的变化，不应担心当前物价水平发展态势。中国货币政策应当把核心 CPI 确定地盯住在 2.5% 左右，GDP 平减指数盯住在 2%—2.5% 区间，当前 1.5% 的核心 CPI、0.6%—0.8% 的 GDP 平减指数、−3% 左右的 PPI 还不足以应对目前投资增速下滑、实体经济财务负担过高、地方政府财政紧张、隐性失业过高、内生性下滑压力抬头的局面。当前价格变动的趋势有利于经济复苏和改革实施，不宜进行反向调整，不能因为经济全面复苏时所面临的通胀压力就拒绝底部困局期间采取宽松的货币政策，也不能因为"萧条性泡沫"的存在就采取加剧萧条的紧缩。为改革创造宽松环境、为经济摆脱内生性下滑困局，这两大目标应当是当前货币政策选择的落脚点，它们应当优于其他目标。

3. 货币的对内贬值与对外贬值要有组合。因此，在提升中国核心 CPI 水平的同时，人民币顺应市场压力进行渐进小幅的贬值依然是可选择的政策操作目标。

4. 治理"萧条性泡沫"以及局部金融震动向系统性金融风险演化依然十分重要。但是这些目标不能成为约束货币政策的核心因素，利用各类宏微观审慎监管工具来解放货币政策是当前形势下必须的战略之举。因此新型的、全覆盖的、强力的金融监管体系建设显得尤为迫切。宽松货币政策必须辅之于"强金融监管"和"市场秩序建设"。金融市场缺陷的弥补和恢复金融市场配置资源的能力是适度宽松货币政策实施的一个重要前提，也是实施各种宏观大腾挪战略的重要前提。

5. 资金回归实体不能简单依靠过度的、行政化的定向宽松。引导资金回归实体的核心是利用多种政策组合，从根本上改变日益下滑的实体投资收益率与虚拟投资收益率的比值。因此，一方面要通过降低成本和提高创新来提升实体经济的预期投资收益率；另一方面要通过强化监管和规范市场来降低虚拟领域的投资与投机收益率，这两个方面都十分重要。结构性的货币政策不仅不能有效促进这两个方面的推进，反而常常在用力过猛的嫌疑中成为资金"脱实向虚"的推手。例如目前大规模向国有企业定向输血，反而导致国有企业的行为出现变异，大量资金通过各种途径向房地产市场、海外并购市场和金融投资领域进发，成为萧条性泡沫的推手。财政政策在治理"脱实向虚"中应当积极有为。

6. 长端利率的刚性和持续较高并不意味着短端利率调整是无效的，企业贷款意愿的下滑也并不等于宽松货币政策是不必要的。相反，即使在长端利率刚性、金融资源对于实体经济渗透力下滑的环境中，宽松的货币政策也具有必要性，宽松货币政策依然是引导预期、防止过度收缩、配合积极财政政策的必要工具。

7. 在高债务环境中，不仅要保持适度宽松货币政策，同时还要对大量的僵尸企业进行出清、对高债务企业进行债务重组，更重要的是，对银行以及相关企业的资产负债表进行实质性的重构。存量调整是增量调整的基础，特别是对于中国目前的环境而言，存量调整基础上的积极财政政策＋适度宽松货币政策＋强监管依然是我们走出困局的核心法宝。

8. 人民币汇率波动以及中国资本的外逃可能是继股灾之后诱发中国风险的关键点。因此，货币政策必须在稳定人民币汇率预期上进行着力，适度宽松的货币政策＋汇率预期的稳定＋强外部宏观审慎监管依然是应对未来两三个季度波动风险的核心。

9. 货币政策、宏观审慎监管、金融微观监管以及其他金融目标的一体化显得更为重要，货币金融当局的实体化、一体化、独立化和权力化也是做出科学货币政策的前提。中国目前的金融权力体系难以胜任目前货币与金融政策的管理，监管大改革与货币政策框架的重构是当前经济治理建设最为迫切的工程。

（八）持续关注房地产市场复苏态势，及时调整当前的房地产调控政策。要改变简单宽松的政策导向，针对不同区域和不同类型房地产企业进行分类治理。对于一二线城市实行供给导向政策，在增加土地供应和信贷支持等方面着力，加快房地产销售向投资的转化，避免全国房地产投资下调过于剧烈而陷入紧缩链条。同时，合理引导预期和控制一线城市房价，防止过度上涨形成新的泡沫。房市泡沫会加速资金脱离实体经济，弱化市场复苏对宏观经济的提振作用，同时房价偏高也是制约房地产需求的重要因素。对于三四线城市实行需求导向政策，鼓励房地产销售，增强复苏的韧度。尽快消化巨量库存是房地产商快速回笼资金、有效降低财务费用与化解金融风险的重要抓手，同时也是房地产市场腾笼换鸟、保障未来投资重回可持续增长轨道的必要前提。政策举措应该着力于刺激房地产市场需求，鼓励房地产商扩大销售。

（九）要持续关注去产能过程中的就业市场压力，防范和化解劳动力市场风险。尽管去产能给劳动力市场带来的冲击与影响总体可控，但叠加经济下行调整本身的就业压力，失业风险依然不容忽视。

1. 进一步开放服务业，鼓励市场进入和竞争，促进服务业可持续发展。近几年服务业就业的高速增长释放了新开放行业过去被抑制的空间，下一步必须尽快开放医疗、健康、教育等更多领域服务业的市场准入，从而创造更多的就业机会，提高经济效率和居民收入。在具体实施过程中，可以通过降低行政准入门槛、同时提高行业技术管理标准的组合，在加强监管的前提下促进市场竞争。

2. 重视传统制造业发展的连续性以及与服务业扩张的协调关系，把握好转型升级和退出的节奏。随着我国劳动力成本的上升，传统制造业转型升级是大势所趋，应不断加大对技术改造投资的支持力度。但是由于传统制造业多属于劳动密集型产业，在经济调整期往往发挥着就业稳定器的作用，因而对传统制造业的改造需要保持其发展的连续性，不能超越特定的发展阶段，更非简单的遗弃。同时，也要注意协调好制造业发展与服务业扩张的关系。服务业就业与制造业具有很强的互补性，随着大量工业企业关停或倒闭，与之配套的服务业也会逐渐萎缩。因此，制造业的持续紧缩势必带来服务业扩张难以为继的问题。

3. 针对农业劳动力转移急剧放缓的局面，应出台专项计划加大对劳动力市场流动的支持力度，多项并举促进农业劳动力转移。一是尽快建立农民工就业市场板块，提高劳动力市场的灵活性；二是加快养老金转移接续改革和落实，促进劳动力跨境流动；三是提高农民工在城市的社会福利，解决随迁子女教育等问题，提高劳动力转移的积极性，促进劳动力落地安居；四是加快户籍和农地改革，消除劳动力流动的障碍，加快城市化进程。这些举措不仅有助于促进农业劳动力转移，也有助于加强社会保障体系的构建和缩小城乡收入差距。

刘元春，中国人民大学经济学博士，现任中国人民大学国家发展与战略研究院执行院长、科研处处长、经济研究所常务副所长、二级教授、博士生导师。教育部长江学者特聘教授，享受国务院政府特殊津贴。世界经济学会常务理事，教育部留学回国人员科研启动基金评审专家，国家社会科学基金评审专家。主持国家社会科学基金重大项目、一般项目等多项课题。在《中国社会科学》《经济研究》等国内一流刊物上发表论文多篇，并在中国宏观经济分析与预测领域产生了广泛影响。

阎衍，中国人民大学经济学博士，现任中诚信国际信用评级有限责任公司董事长，中国诚信信用管理有限公司副总裁。曾任中诚信财务顾问有限公司常务副总裁、中国诚信信用管理有限公司执行副总裁、中诚信证券评估有限公司副董事长等职务。

刘晓光，北京大学经济学博士，现为中国人民大学国家发展与战略研究院一级讲师，曾在国际货币基金组织（IMF）驻华代表处任经济学家。研究方向为宏观经济学，主持国家社会科学基金等多项课题。在《中国社会科学》《经济研究》《世界经济》《管理世界》《经济学（季刊）》《财贸经济》、*China & World Economy* 等国内外期刊发表论文多篇，并荣获北京大学优秀博士学位论文奖。